KB216299

성령이 임재 하시는

애경사 가정예배 50선

(특별한 날 목회자 없이 가족끼리 드리는 예배)

애경사 가정예배 50선

· 초판 1쇄 발행 2013년 5월 20일

· 지은이 김주한
· 펴낸이 민상기 · 편집장 이숙희 · 펴낸곳 도서출판 드림북

· 등록번호 제 65 호 · 등록일자 2002. 11. 25.
· 경기도 의정부시 가능1동 639-2
· Tel (031)829-7722, 070-8882-4445 Fax(02)2272-7809
· 필름출력 주신그래픽스 · 인쇄 넥스트프린팅 · 제책 동신제책사
· 총판 : 하늘유통(031-947-7777)

· 책번호 58
· 잘못된 책은 교환해 드립니다.
· 이 출판물은 저작권법에 의해 보호를 받는 저작물이므로 무단 복제할 수 없습니다.
· 독자의 의견을 기다립니다.
· www.dreambook21.co.kr

성령이 임재 하시는

애경사 가정예배 50선

(특별한 날 목회자 없이 가족끼리 드리는 예배)

김 주 한 지음

드림북

서 문

하나님 나라의 성도들은 하나님께 나아가 간절히 기도하고 싶을 때가 있는 것과 마찬가지로 하나님 앞에 나아가 진정으로 예배 드리고 싶을 때가 있습니다.

하나님을 사랑하는 성도라면 누구나가 갖게 되는 마음입니다. 기도는 홀로 하나님 앞에 나아가 간절한 마음을 토로하는 것으로 해결이 되지만 예배는 그렇지 않습니다.

말씀과 설교라고 하는 부분이 있기 때문입니다. 교회에서 드리는 공동예배가 아닌 가정의 애경사로 인하여 드리는 가정예배인 경우에는, 그때마다 교역자들을 초청하여 예배드리는 것이 번거롭고 부담스러운 부분이 있는 것도 사실입니다.

그래서 아이들의 생일이나 부부의 결혼기념일 등 기념일을 맞아 예배 대신해서 간단히 기도하는 것으로 지내곤 했던 것이 아쉬움이었습니다. 그러나 간단한 기도보다는 예배를 드리는 것이 하나님의 기쁨이 될 것이고, 또한 성도들의 마음도 예배하고자 하는 마음이 더 간절한 것을 느끼게 됩니다.

시중에 있는 예배집은 성도용 매일 가정예배집과 추모예배집 그리고 교역자용 심방예배집이 있지만, 가정의 특별한 기념일 날 가족끼리 드리는 가정예배집은 없는 것 같아 이번에 가정의 애경사를 주제별로 세분해서 예배집을 만들어 보았습니다.

부부간에 드리는 예배, 부모가 자녀와 함께 드리는 예배, 생일날 드리는 예배, 경사스런 날 드리는 예배, 특별히 고난 중에 드리는 예배까지 해서 50선을 간추려 보았습니다.

예배 드리고 싶은 마음을 누르고 단순히 기도함으로 달래고는 했는데, 이 예배집으로 애경사를 맞아 예배 드리고 싶은 성도들의 마음에 조금이나마 충족이 이루어지기를 바라는 마음입니다.

2013년, 새싹이 돋는 계절에

목차

1.
부부가 드리는 예배

① 약혼 예배

말씀 : "이러므로 남자가 부모를 떠나 그의 아내와 합하여 둘이 한 몸을 이룰지로
다" (창세기 2:24)

설교 : 부모를 떠나서

오늘 이 시간부터는 이제 새로운 가정이 정식으로 탄생되는 시
간이라고 할 수 있습니다. 이제 후로는 우리가 이미 아는 것처럼
온전히 그 마음에서 육체에서 하나가 되는 시간입니다.

참 신비롭고 놀라운 하나님의 역사가 이루어지는 시간이기도
합니다. 한 생명이 태어나는 일이 신비로운 것처럼 한 가정이 태
어나는 시간도 하나님 앞에 경이롭고 거룩한 시간이 아닐 수 없습
니다.

많은 사람들이 부부가 한 몸인 것은 부인하지 않습니다. 그러나
한 몸이 되는 부부가 되기 전에 먼저 분명히 알아야 하는 것이 있
다는 부분에 대해서는 무지한 것 같습니다.

성경에서 부부가 한 몸 됨을 언급할 때 계속해서 같이 말씀하고

있는 부분이기도 합니다. 그것은 "남자가 그 부모를 떠나서 그 아내와 합하여 한 몸이 되어야 한다"는 말씀입니다.

부모를 떠난다는 것이 매우 중요합니다. 떠난다는 것은 정신적이고 경제적인 부분에서의 독립을 의미합니다. 부모님과 같은 집에 산다고 해도 이 부분에서는 독립적이어야 합니다.

말씀에서 분명히 강조하고 있는 것처럼 남자가 그 부모를 떠나야 합니다. 그런 면에서 남자는 마마보이가 되면 안됩니다. 무슨 일만 있으면 쪼르르 엄마에게 달려가는 남자가 되면 이것은 안 될 일입니다. 이제 죽이 되든 밥이 되든 둘이서 해결해야 합니다.

노파심에서 언급하지만 '부모를 떠난다'고 하는 의미가 부모님의 말씀에 불순종하고 거역해도 된다는 뜻은 결코 아닙니다.

부모님의 의견을 참고하고 수렴하되 결론은 둘이서 내려야 한다는 말씀입니다. 아무 생각없이 부모님의 결정을 무조건적으로 따르게 되면 그 자녀의 앞길에 결코 득이 되지 않습니다. 홀로 서지 못하고 독립심도 없고 책임감도 없는 아주 무능한 아들이 되고 맙니다.

얼마나 많은 가정이 부모로부터 독립하지 못함으로 인해 어려움을 겪고 그 가정이 파탄에 이르게 되었는지 모릅니다.

그런면에서 우리의 부모님들 또한 끊어지는 아픔이 있을지라도 아들을 끊어 보낼 줄 알아야 합니다. 탯줄 두 번 끊듯이 아들을 끊어 보내야 합니다. 멀리서 바라보며 지켜보는 자세가 필요합니다.

그것이 지혜롭고 현명한 부모의 모습입니다. 사사건건 매사에 간섭하려 하고 치마폭에 두고 있으면 그 아들은 결코 성장하지 못한다는 것을 하나님 말씀을 통해서 깨달아야 합니다.

성경은 "네 부모를 공경하고 순종하라!" 는 절대명령이 있지만, 결혼 시에는 "네 부모를 떠나라!" 라고 하는 명령 또한 있다는 것을 우리의 부모님과 아들들은 기억해야 할 것입니다.

다같이 기도 하겠습니다.

기도

감사하신 하나님 아버지!

하나님 앞에서 약혼식을 치루며 먼저 이렇게 하나님 앞에 예배하게 하시니 감사를 드립니다.

우리의 만남은 하나님이 예비하신 만남인 것을 믿습니다. 하나님께서 설계하시고 세우신 가정이 될 때 오직 주님만이 이 가정의 주인이 되어 주시기를 기도합니다.

부부간에 한 마음 되게 하시고 한 몸 되게 하시며 이 마음 변치 않고 평생을 해로 할 수 있도록 역사하여 주시옵소서! 앞으로의 인생길에 어떤 일이 있더라도 같이 할 수 있는 마음을 주시옵소서. 오늘 가진 이 마음을 평생 지켜나가며 지켜보시는 부모님 앞에도 결코 실망을 안기지 않고 자랑스러운 아들과 딸이 되어 믿음 안에 건실한 가정을 일구는 모습을 보일 수 있도록 은혜 베풀어 주실 것을 믿습니다.

이러므로 사람이 그 부모를 떠나 그 아내와 합하여 한 몸이 될 찌라 말씀하셨사오니, 부모님으로부터 온전히 독립할 수 있도록 정신적이고 경제적인 모든 부분에서 홀로서기를 할 수 있도록 주님께서 함께 하여 주실 것을 믿사오며 언제나 우리와 함께 하시는 우리 주님 예수 그리스도의 이름으로 기도합니다. 아멘!

폐회 : 주기도문

2 **신혼여행 예배**

말씀 : "여호와 하나님이 가라사대 사람의 독처하는 것이 좋지 못하니 내가 그를 위하여 돕는 배필을 지으리라 하시니라 아담이 모든 육축과 공중의 새와 들의 모든 짐승에게 이름을 주니라 아담이 돕는 배필이 없으므로 여호와 하나님이 아담을 깊이 잠들게 하시니 잠들매 그가 그 갈빗대 하나를 취하고 살로 대신 채우시고 여호와 하나님이 아담에게서 취하신 그 갈빗대로 여자를 만드시고 그를 아담에게로 이끌어 오시니 아담이 가로되 이는 내 뼈 중의 뼈요 살 중의 살이라 이것을 남자에게서 취하였은즉 여자라 칭하리라 하니라" (창세기 2:18~25)

설교 : 돕는 배필

하나님께서는 이 세상을 창조하실 때 남편인 아담과 아내인 하와를 통해 하나의 부부를 지으셨습니다. 그리고 그 부부를 기초로 해서 사람이 살아가는 모든 세상의 기초를 삼으셨습니다. 즉 부부 간은 창조의 기초원리이기도 하면서 모든 사회의 기본이 되기도 합니다.

하나님은 이곳을 건강하게 하심으로 그 가정을 통하여 천국의 복을 흘려보내 주시고자 하셨습니다.

먼저 기억할 것은 남편과 아내는 사람이 서로 만나 사랑하기 전에 하나님의 계획아래 만나게 되었다는 사실입니다. 모든 아내는 하나님의 손에 이끌려서 지금의 남편인 아담에게로 온 것과 마찬가지입니다.

사람보기에는 어디가 밑지네 안밑지네 하는 소리를 하지만 하나님은 나보다 나를 더 잘 아시는고로 정말로 나에게 꼭 맞는 배필을 주신 것입니다.

가끔 연애할 때는 모르던 실망스런 상대의 모습을 보고는 '결혼 잘못했나 보다!' 하는 경우가 있는데 천만의 말씀입니다. 나는 지금 내 앞에 있는 남편 만큼입니다. 물론 남편도 자신 앞에 있는 아내 만큼입니다. 내가 잘 안보이거든 내 앞에 있는 배우자의 모습을 보면 그곳에 내 모습이 보이는 것입니다.

이 시간 이후로는 상대의 장점보다는 단점이 더 잘 보일 수 있습니다. 문제는 그것을 바라보면서 지적하고 내가 고쳐 놓겠다는 발상을 버려야 한다는 것입니다. 내가 지금 기선을 잡아야 한다는 마음에서 실력행사를 해서는 안 된다는 것입니다.

마귀는 한번 치면 다 넘어가는 타점을 알고 있습니다. 그곳이 바로 부부간입니다. 이곳만 어그러트리면 다른 곳은 특별히 신경 안 써도 저절로 다 쓰러지는 것을 알고 있습니다.

마귀가 이곳을 허물고자 한다면 하나님은 이곳을 세우며 지키고자 하십니다.

처음 마음으로 돌아가야 합니다. 사랑하는 내 남자 냄새나는 양말 한 켤레라도 빨아주겠다는 그와 같은 마음으로 돌아가야 합니다. 그리고 남편은 프로포즈 할 때 왕비처럼 섬기겠다는 그때의 무릎꿇는 마음을 잃어버리지 말아야 합니다.

창세기를 보면 하나님은 부부간에 서로 돕는 배필이 되게 하셨지 서로 바라는 배필이 되게하지 않았습니다.

나에게 이렇게 해주길 바라고 있어서는 안되고 상대의 부족한 것이 보이거든 내 것으로 먼저 채워 줌으로 성경이 말하는 돕는 배필이 되어야 할 것입니다.

하나님은 오늘의 남편과 아내를 만나 하나되게 하실 때 절묘하게 서로가 없는 것을 아시고 만나 살게 하셨습니다. 이제 이후로는 도울 생각만 하고 살면 될 것입니다.

다같이 기도 하겠습니다.

기도

사랑이 많으신 하나님 아버지!

오늘 우리 두 사람을 한 몸으로 불러주시고 거룩한 하나님의 가정으로 세워주시니 감사합니다. 주님께서 주신 말씀에 따라 우리 부부가 서로에게 돕는 배필이 되게 하시고 바라는 배필이 되지 않게 하시기를 기도합니다.

상대의 부족함을 보고는 내 것으로 채워주고, 허물이 보일 때는 감싸주며, 연약한 모습을 보았을 때는 도울 수 있는 부부사이가 되게하여 주시옵소서!

우리 부부사이에 악한 마귀가 틈타지 못하게 하시며 몸과 마음이 주의 성령으로 하나되게 하실 때에 우리 가정을 항상 돌보시며 은혜 주시며 지켜 주실 것을 믿습니다.

신혼여행의 남은 모든 일정과도 함께 하시고 복된 시간이 되게 하옵시기를 간절히 원하오며 또 하나의 하나님 가정을 세워주심에 감사드리며 우리 주님 예수 그리스도의 이름으로 기도합니다. 아멘!

폐회 : 주기도문

3 결혼기념일 예배(1)

말씀 : "아내들이여 자기 남편에게 복종하기를 주께 하듯 하라 이는 남편이 아내의 머리 됨이 그리스도께서 교회의 머리 됨과 같음이니 그가 바로 몸의 구주시니라 그러므로 교회가 그리스도에게 하듯 아내들도 범사에 자기 남편에게 복종할지니라 남편들아 아내 사랑하기를 그리스도께서 교회를 사랑하시고 그 교회를 위하여 자신을 주심 같이 하라 이는 곧 물로 씻어 말씀으로 깨끗하게 하사 거룩하게 하시고 ..." (에베소서 5:22~26)

설교 : 순종과 사랑

오늘로 ○○주년 결혼기념일을 맞이하면서 하나님 주시는 말씀을 받도록 하겠습니다. 성경은 진리의 말씀인고로 세상이 아무리 많이 변해도 오늘 말씀과 같이 남편에게 주신 말씀과 아내에게 주시는 말씀이 변하지는 않습니다.

하나님은 그 시대가 어떤 시대이건간에 아내는 남편에게 순종할 것을 말씀하시고 남편은 그 아내를 사랑할 것을 말씀하고 있습니다. 성경을 구시대적 산물로 아는 분이 있다면 하나님도 구시대 하나님 신시대 하나님 다른 분이 됩니다.

내 귀에 듣기 싫건 좋건간에 하나님이 이 땅에 두신 질서는 아내의 머리는 남편이 되고 남편의 머리는 그리스도라고 하는 사실입니다. 머리는 대표요 결정권자라는 의미라고 할 수 있습니다.

아내는 남편을 세워야 하고 남편을 통해서 자신을 드러낼 줄을 아는 지혜가 있어야 합니다. 그것이 참으로 하나님이 원하시는 성경적인 아내의 모습입니다. 남편은 또한 주님께서 당신의 교회를 위해서 십자가를 지신 것과 같이 아내를 위해 목숨을 내어 놓을 각오를 하고 아내를 사랑해야 합니다.

아내는 남편의 사랑을 받아야 하고 남편은 아내의 순종을 받아야 합니다. 아내가 남편에게 순종하는 모습을 보고 남편은 또한 영적인 신랑인 주님께 순종하는 것을 배우게 됩니다. 아내는 남편의 사랑을 받으면서 주님께서 당신의 신부인 성도를 얼마나 사랑하셨는지 또한 알게 되는 것입니다. 이것이 남편과 아내를 통하여 하나님께서 알게 하신 그리스도의 비밀이 됩니다. "사람이 부모를 떠나 그의 아내와 합하여 그 둘이 한 육체가 될지니 이 비밀이 크도다 나는 그리스도와 교회에 대하여 말하노라!"

사탄마귀는 남편에게 불순종 할 수 밖에 없는 정당성을 아내들 안에서 부추길 것입니다. 또한 아내를 사랑할 수 없는 이유를 우리의 남편들에게 끝임없이 생각나게 할 것입니다. 순종과 사랑이 깨어진 부부는 진정한 부부라고 할 수 없습니다.

아내는 남편에게 순종하고 남편은 아내를 사랑할 때 그곳에서 하나님이 바라시는 천국의 가정이 세워지는 것입니다. 순종과 사랑의 선순환은 그 가정을 통해 천국을 이룰 것이지만, 불순종과 미움의 악순환은 그 가정을 지옥으로 이끌고 갈 것입니다.

그것은 마치 부모가 자녀를 사랑하고 자녀는 부모에게 순종하는 것과 같은 이치입니다. 순종과 사랑은 하나님께서 우리 가정에 주신 창조의 질서를 이루는 근본 가치인 것입니다. 항상 우리 부부와 가정안에 순종과 사랑의 선순환이 있기를 주님의 이름으로 축원합니다.

기도

사랑이 많으신 하나님 아버지!

지나온 시간동안 우리 부부를 사랑하여 주시어서 늘 함께 계시고 하나되게 하심에 감사를 드립니다. 우리가 하나되는 과정에서 갈등이 있고, 다툼이 있고, 문제가 있었지만 이 모든 과정 가운데서 해결이 되신 주님을 찬양합니다.

오늘 우리가 가진 이 마음이 평생 같이 할 수 있도록 도와 주시고 모든 일에 선을 행하며 서로를 더욱 사랑해 줄 수 있는 그런 마음을 주시옵소서

이 시간 기도하오니 우리가 하나님이 이 땅에 주신 창조의 질서와 그 가치대로 우리 부부가 세움을 입을 수 있도록 역사하여 주시기를 기도합니다.

사람들이 순리를 따라 살아야 한다는 말을 하듯이 우리는 하나님의 말씀을 따라 살아야 함을 믿습니다. 남편으로서 아내를 아끼며 사랑하게 하시고 아내로서는 남편을 존경하며 순종하게 하여 주시옵소서!

순종과 사랑이 가득한 우리 부부와 또한 우리 가정이 될 때 하나님 주시는 놀라운 평강과 천국의 기쁨을 누릴 수 있게 하실 것을 믿사오며 우리 부부를 말씀대로 하나되게 하시는 우리 주님 예수 그리스도의 이름으로 기도합니다. 아멘!

폐회 : 주기도문

4 결혼 기념일 예배(2)

말씀 : "전에 하나님께 소망을 두었던 거룩한 부녀들도 이와 같이 자기 남편에게 순종함으로 자기를 단장하였나니 사라가 아브라함을 주라 칭하여 순종한 것 같이 너희는 선을 행하고 아무 두려운 일에도 놀라지 아니하면 그의 딸이 된 것이니라 남편들아 이와 같이 지식을 따라 너희 아내와 동거하고 그를 더 연약한 그릇이요 또 생명의 은혜를 함께 이어받을 자로 알아 귀히 여기라 이는 너희 기도가 막히지 아니하게 하려 함이라"(베드로전서 3:5)

설교 : 지식을 따라

오늘 결혼기념일을 맞아 하나님 앞에 예배하는 우리 부부에게 크신 은총을 주실 것을 믿습니다. 서로 다른 환경속에서 살다가 하나님의 설계하심으로 한 가정을 이루게 된지도 벌써 ○○주년이 되었습니다.

결혼 기념일을 맞아 하나님이 주신 말씀을 받도록 하겠습니다. 먼저 아내들에게 주시는 말씀입니다. 오늘 본문의 말씀처럼 아내들은 남편인 아브라함을 '주'라고 칭했던 사라와 같이 남편을 주님처럼 섬길 것을 말씀합니다. 이 말씀을 세상에 속한 여인들과 같이 구시대적이고 가부장적인 가르침으로 받아서는 안될 것입니다. 여인의 아름다운 단장은 몸치장에 있지 않고 그 남편에게 순복하는 모습이 곧 여인으로서 할수 있는 최선의 단장임을 기억해야 할 것입니다.

본문의 말씀과 같이 세상에 소망을 둔 여인이라면 결코 받을 수 없는 말씀이겠지만 하나님께 소망을 두고 살아가는 여인이라면 이 말씀을 진리의 말씀으로 받게 될 것입니다.

남편을 거역하고, 남편을 조롱하고, 남편을 우습게 아는 여인은 그녀가 아무리 멋진 옷과 화장으로 자신을 단장했다고 해도 그 안에는 전혀 아름다움이 없습니다.

남편들도 마찬가지 입니다. 아내 사랑할 줄 모르는 남편은 그의 기도 또한 헛된 기도가 될 것입니다. 오늘 본문에는 기도가 막힐 것이라 하셨습니다.

하늘의 유업을 같이 받을 자로 알고 끔찍이 여기라는 말씀은 이 세상 살아간 성적표가 같이 나올 것이라는 말씀입니다. 남편 혼자 아무리 똑똑하고 잘나도 아내를 홀대하면 하나님이 평가하시는 그 남편의 시험성적은 반타작으로 나올 것입니다.

또한 아내는 연약한 그릇과도 같음으로 잘 다루어야 할 것입니다. 잘못 다루면 깨어지고 다시 붙이기 어렵습니다. 언제나 조심 조심 끔찍이 다루어야 할 것입니다.

그리고 또한 남편들에게 주시는 말씀은 '지식을 따라 동거하라! 는 말씀입니다. 남편은 아내를 공부해야 합니다. 아내라고 하는 여인은 나와 같은 사람이라고 하는 것 외에는 모든 것이 다 다르다는 것을 미리 알고 접근해야 합니다.

정서가 다르고, 동기가 다르며, 관심이 다르고, 지향하는 곳이 다릅니다. 그러기 위해서는 남편은 끊임없이 아내를 공부하고 아내를 연구하며 내 아내에 관한 지식을 쌓아야 합니다.

이 지식을 쌓지 않으면 그 결혼생활은 힘든 결혼생활이 될 것입니다. 결혼생활은 그냥 되는 것이 아닙니다. 오늘 말씀처럼 남편과 아내가 서로간의 지식을 쌓으며 함께 거하는 것으로, 또한 그 관계가 서로를 이해하는 복된 관계로 발전을 하면 평생을 해로하는 부부가 될 것입니다.

다같이 기도 하겠습니다.

기도

사랑이 많으신 하나님 아버지!

이렇게 결혼한지 벌써 ○○주년을 맞으며 지나온 세월을 돌아볼 때 아내로서 남편의 권위를 인정하지 않고 남편을 무시했던 부분이 있었다면 용서해 주시기를 기도합니다. 또한 남편으로서 아내를 귀히 여기며 아내를 향한 지식을 갖는데에 소홀했던 것도 용서해 주시기를 바랍니다.

하나님이 주신 말씀을 따라 사는 우리 부부가 하나님 주신 천국을 우리 가정 안에서 경험하며 살 수 있도록 우리 부부를 진정으로 하나되게 하시기를 기도합니다.

부부는 하나님이 지으셨으니 부부간의 삶의 원리도 하나님이

정하셨음을 믿습니다. 아내는 남편을 높이고 남편은 아내를 귀히 여기며 살아가는 우리 부부가 되게하여 주시옵소서.

아내가 늙기까지 남편이 옆에서 돕는 배필이 되게 하시고 남편이 늙기까지 아내가 곁에서 돕는 배필이 되게하여 주심으로 평생을 해로하는 은혜를 주실 것을 믿사오며 우리 부부를 하나되게 하시는 우리 주님 예수 그리스도의 이름으로 기도합니다. 아멘!

폐회 : 주기도문

5 부부의 여행 중에 드리는 예배

말씀 : 그러므로 교회가 그리스도에게 하듯 아내들도 범사에 자기 남편에게 복종할지니라 남편들아 아내 사랑하기를 그리스도께서 교회를 사랑하시고 그 교회를 위하여 자신을 주심 같이 하라 이는 곧 물로 씻어 말씀으로 깨끗하게 하사 거룩하게 하시고 자기 앞에 영광스러운 교회로 세우사 티나 주름 잡힌 것이나 이런 것들이 없이 거룩하고 흠이 없게 하려 하심이라 이와 같이 남편들도 자기 아내 사랑하기를 자기 자신과 같이 할지니 자기 아내를 사랑하는 자는 자기를 사랑하는 것이라 누구든지 언제나 자기 육체를 미워하지 않고 오직 양육하여 보호하기를 그리스도께서 교회에게 함과 같이 하나니 우리는 그 몸의 지체임이라"(에베소서 5:24~30)

설교 : 형통과 영광

오늘 이렇게 부부가 하나되게 하시는 여행길을 허락하시고 동행이 되어 주신 주님께 감사드립니다. 인생이라는 여행길에서 반려자로 만나게 하시고 일상을 함께 하다가 이렇게 오붓하게 둘만의 시간을 가질 수 있도록 은혜 베풀어 주신 주님께 또한 감사를 드립니다.

오늘도 남편과 아내에게 주시는 하나님의 말씀을 하나씩 받도록 하겠습니다.

먼저 아내에게 주시는 말씀입니다. 주님은 교회의 성도들이 신랑인 예수님께 순종하듯 아내들이 남편을 따르고 순종할 것을 오늘도 말씀하십니다.

그러므로 아내들은 남편을 바라볼 때 한숨지으며 답답하다 생각하면 안됩니다. 가끔 남편들을 향하여 경제적 능력이나 세상을 보는 안목이 자신만 못하다고 답답해 하며 아내들이 하는 말이 있습니다.

"성경은 남편에게 순종하라고 하는데 그러면 어리석은 남편의 판단과 말에도 순종해야 하나요?"를 묻는 경우가 있습니다.

그러나 이 세상은 꼭 능력있는 사람이 형통하는 것은 아닙니다. 형통하게 하시는 분이 은혜를 주셔야 합니다. 그런면에서 능력보다도 전략보다도 머리좋은 것보다도 더 중요한 부분이 화합이라는 부분입니다. 남편이 결정했으면 그 이후로는 그 결정을 내 결정으로 알고 섬길 때에 하나님 주시는 형통이 있을 것입니다. 아무리 좋은 판단과 결정에도 화합이 없으면 그곳에 형통과 성공은 없습니다.

창3:8을 보면 "너는 남편을 원하고(사모하고) 남편은 너를 다스릴지라!"로 되어 있는데 여기서 남편을 원한다는 말의 원래 의미가 지배한다는 의미입니다. 그래서 표준새번역에는 원한다는 말을 "네가 지배하려 하겠지만..."으로 되어 있고 의역한 공동번역에는 "네가 마음대로 주무르려고 하겠지만..."으로 되어 있습니다.

이 말씀을 보면 하나님은 벌써 남편을 자기 마음대로 하려고 하는 아내들의 심리를 알고 계셨습니다.

남편을 통해서 도리어 내 모습을 볼 때 겸손히 따를 수 있습니다. 나는 아무리 잘났어도 내 앞에 있는 남편 만큼이라는 것을 잊어서는 안됩니다. 그러므로 아내들은 교만을 버리고 남편을 섬길 수 있어야 합니다.

또한 남편들에게 주시는 말씀은 오늘 본문말씀 처럼 "아내를 사랑하는 것이 자기를 사랑하는 것이다!" 라고 하는 말씀입니다. 예수님은 당신의 아내인 성도들을 자신의 피로 죄를 씻기시고 거룩하게 하신 것으로 성도들을 영광스럽게 하신 것과 같이, 남편이 아내를 위하여 사랑하고 아끼는 것은 곧 아내를 영광스럽게 하는 것이라는 말씀입니다.

예수님은 신부인 성도들에게 사랑을 주시는 것으로 곧 자신의 몸에 하듯 하셨다고 하셨습니다. 그래서 교회는 그리스도의 몸인 것입니다. 이와 마찬가지로 남편들도 자신의 몸을 옆에 있는 아내로 알고 자기 몸을 위해 보양식 먹고 아끼듯이 아내를 아끼고 사랑하라는 말씀을 주신 것입니다. 예수님이 성도들을 보양하듯 남편들은 아내들을 보양해야 합니다. 그것이 곧 자기를 위하는 길이라고 말씀하십니다.

남편이 아내의 순종을 받을 때에 형통의 역사가 있을 것입니다. 또한 아내가 남편의 사랑을 받을 때에 아내는 영광스러워질 것입니다. 형통과 영광이 부부사이에 영원하기를 소망합니다.

기도

사랑이 많으신 하나님 아버지!

오늘 이렇게 귀한 시간을 내어서 부부간에 여행을 떠날 수 있는 모든 여건을 허락하시고 여행중에 주님앞에 예배드리며 우리 부부를 하나되게 하시는 하나님께 영광을 돌리게 하시니 감사를 드립니다.

오늘 말씀을 통해 부부를 한 몸 되게 하시고 한 마음 되게 하심이 그리스도와 교회가 하나되게 하심과 같다는 말씀을 들었습니다.

예수님이 성도를 사랑하듯이 남편은 아내를 더 많이 사랑하게 하시고 아내는 교회가 그리스도에게 순종하듯 더 깊은 순종을 남편에게 할 수 있는 은혜를 허락하여 주시옵소서!

여행중에 동행하시고 더욱 깊은 사랑과 순종이 돈독해지는 여행길이 되게 하심을 감사하오며 이 모든 말씀을 우리 주님 예수 그리스도의 이름으로 기도합니다. 아멘!

폐회 : 주기도문

2.
자녀와 드리는 예배

6 임신을 위한 예배

말씀 : "이삭이 그의 아내가 임신하지 못하므로 그를 위하여 여호와께 간구하매 여호와께서 그의 간구를 들으셨으므로 그의 아내 리브가가 임신하였더니"(창세기 25:21)

설교 : 하나님은 태를 여시는 분

아브라함의 아들 독자 이삭은 그 나이 40에 장가들어 60세가 되기까지 자녀가 없었습니다.

아브라함이 25년 기다려서 자신을 낳은 것처럼 이삭 자신도 오랜기간 자녀없이 지내다가 기도하는 장면이 오늘 기록되어 있습니다.

하나님은 우리로 하여금 좋은 것을 주실 때에 먼저 없는 것을 느끼게 하시고 그것을 위해 기도하게 하심으로 주시는 경우가 있습니다.

그냥 주시면 감사를 모르고 당연한 것으로 받기 때문입니다.

그래서 오늘 이 예배가 하나님께 감사함으로 자녀를 구하는 예배가 되기를 원합니다. 부부를 하나되게 하실 때에 그 하나됨의 열매로 복된 자녀를 허락하시는 하나님이십니다.

생명은 남편과 아내가 만나기 전에, 정자와 난자가 만나기 전에 하나님께서 창세전에 예비하신 생명이라는 것을 잊지 말아야 합니다. 생명은 사람이 관여하는 부분이 아니라 철저히 하나님이 주장하시는 부분이기 때문입니다.

그러므로 존귀한 하나님의 자녀를 구하기까지 감사의 예배라고 하는 통로를 통해서 자녀를 받는 은혜가 있어야 할 것입니다.

그래서 태중에 임신이 되기까지 자녀를 얻기 위해 항상 하나님께 기도하고 예배하는 부부가 되길 소망합니다.

이와같은 예배를 통해서 그리고 간절한 기도를 통해서 얻게된 자녀는 사람이 만든 것이 아니라 철저히 하나님에게서 온 선물로 알고 부모가 더욱 그 자녀를 존귀히 여기며 기를 수 있게 됩니다.

자녀는 부부가 여차저차 만나서 그냥 얻게 된 생명이 아닙니다. 다음 세대에 하나님이 영광을 받으시고자 잠시 오늘의 부부에게 맡기신 생명인 것을 부모는 항상 기억해야 할 것입니다.

한나의 기도로 이스라엘의 큰 선지자인 사무엘을 얻음과 같이, 아브라함 부부의 기도로 그리스도의 모형이된 약속의 아들 이삭을 얻음과 같이, 또한 오늘 이삭의 기도로 이스라엘의 조상인 야곱을 얻음과 같이, 하나님께서 오늘 이 부부를 통하여서 다음세대의 하나님의 커다란 기쁨과 영광을 나타내는 자녀를 허락하시기를 예수님의 이름으로 축원합니다.

기도

태를 열기도 하시고 닫기도 하시는 이가 우리 하나님이신 것을 믿습니다.

이시간 기도하오니 슬하에 자녀를 주심으로 우리 부부사이가 더욱 사랑으로 든든해지게 하시고 우리 가정이 더욱 견고한 유대감으로 하나되게 하여 주시옵소서!

생명은 오직 하나님으로 말미암는다는 사실을 기억하게 하시고 사람으로 말미암지 않는다는 것을 잊지 않게 하옵소서!

우리 부부의 몸을 빌어 하나님께서 창조하신 존귀한 생명을 허락하시기를 구합니다. 귀한 생명이 잉태될 때에 주의 성령께서 아이의 몸을 조성하시고 건강히 자라게 하실 것을 믿습니다.

아브라함이 이삭을 낳고 기뻐하며 웃었던 것처럼 우리부부 또한 사랑하는 아이를 낳고 기뻐하며 활짝 웃는 우리 가정이 되게하여 주시옵소서!

잉태되는 생명으로 인하여서 다음세대에 하나님이 크게 기뻐하시는 인물로 삼아 주실 것을 믿사오며 우리 부부사이에 생명을 주시는 우리 주님 예수 그리스도의 이름으로 기도합니다. 아멘

폐회 : 주기도문

7 임신을 처음 알았을 때 드리는 예배

말씀 : "하나님이 라헬을 생각하신지라 하나님이 그를 들으시고 그 태를 여신고로 그가 잉태하여 아들을 낳고 가로되 하나님이 나의 부끄러움을 씻으셨다 하고 그 이름을 요셉이라 하니..." (창세기 30:22)

설교

하나님께서 하나되게 하신 가정에 새 생명을 허락하시고 태중에 품게하신 은혜에 감사드립니다. 이제 꼬박 열 달을 품고 있는 기간동안 늘 기도와 찬양을 통해 아이가 뱃속에서부터 주님을 만날 수 있도록 엄마 아빠는 함께 노력해야 할 것입니다.

아이는 엄마와 아빠가 같이 품는 것을 믿습니다. 태중의 아이로 인하여 부부가 더 많이 사랑하고, 더 많이 하나되며, 더 많이 성숙되는 시간되게 하시기를 소망합니다.

또한 산모의 마음에 늘 기쁘고 감사한 마음을 허락해 주셔서 태중의 아이도 기쁘고 감사한 마음을 가질 수 있도록 해야 할 것입니다.

아이는 엄마의 안정된 심장소리를 듣고 정서적으로 그 마음이 안정을 얻는 것을 믿습니다. 세상의 더럽고 추한 것은 멀리해야 할 것이며 맑고 고운 것들을 많이 보고 많이 감동하는 시간을 가져야 할 것입니다.

엄마의 건강이 탯줄을 통해 아이에게 공급되게 하시고, 동시에 엄마의 믿음이 전달되게 하시고, 엄마의 사랑이 아이에게 전해지도록 항상 깨어 기도해야 할 것입니다.

또한 엄마와 아이의 정서적이고 영적인 교감이 온전히 이루어지는 데에 방해 요소가 없어야 할 것입니다.

태중의 아이가 엄마 아빠의 기도와 찬송과 말씀을 받아먹는 것을 통하여 몸이 자라고 지능이 자라고, 무엇보다 하나님을 보는 영의 눈이 트이는 놀라운 역사가 있을 것입니다. 엄마 아빠가 만난 하나님을 태중의 아이가 만나는 놀라운 역사가 있기를 소망합니다.

오늘 본문의 말씀처럼 하나님께서 "라헬을 생각하신지라" 말씀하심과 같이 우리 부부를 생각하심으로, 요셉과 같은 건강하고 지혜롭고 총명한 아이를 우리 집안에 복덩어리로 허락하신 것을 믿습니다.

하나님이 허락하신 복덩어리로 인하여서 우리 부부가 복을 받고, 우리 가정이 형통케 되며, 더욱 나아가서 우리 집안의 커다란 인물로 성장하기를 소망합니다.

기도

은혜로우신 주님! 귀한 생명을 허락하신 주님께 감사를 드립니다.

산모에게 열 달의 시간은 힘든 고통의 기간이지만, 이 시간을 통하여 귀하고 아름다운 한 생명이 탄생함을 알게 해 주시고, 이 때를 감사함과 기쁨으로 보낼 수 있도록 하여 주시옵소서.

가족들에게도 은혜를 베풀어 주시고, 산모가 편안하고 기쁜 마음으로 남은 기간을 준비할 수 있도록 산모에 대한 사랑과 배려를 아끼지 않게 하여 주시옵소서.

또한 순산할 수 있는 은혜를 허락하시고 출산 후의 몸조리에도 주님의 회복케 하시는 역사가 있게 하실 줄을 믿습니다.

우리 가정과 집안이 이 아이로 인하여 복을 받고 더 나아가 이 사회와 나라가 복을 받게 하시기를 기도합니다. 이 아이로 인하여 하나님의 복이 많은 사람에게로 흘러가는 복의 통로가 되게 하시기를 소망합니다. 이 아이를 우리 부부의 자녀이기 이전에 하나님의 자녀로 품어 주시옵소서!

예수님의 이름으로 기도합니다. 아멘!

폐회 : 주기도문

⑧ 백일(돌예배)

말씀 : "아기가 자라며 강하여지고 지혜가 충족하며 하나님의 은혜가 그 위에 있더라" (누가복음 2:40)

설교 : 자녀는 여호와의 주신 기업

우리 가정에 새 생명을 허락 하신지 벌써 백일(일년)이 되었습니다. 그동안 많은 것이 달라졌음을 믿습니다. 아이가 생긴 이후로 밤에 잠 못자는 일이 많아졌으며 마른자리 젖은자리 돌보면서 온전한 헌신과 희생이 무엇인지 깨닫게 하심을 보게 됩니다.

그것을 통해 진정한 사랑이 무엇인지 알게 하시고 이제부터는 연애하던 에로스와 필레오 사랑에서 한 단계 넘어서서, 무조건적인 하나님의 사랑인 아가페 사랑을 헤아리게 하심을 믿습니다.

이 존귀한 생명을 우리 가정에 맡기신 이는 하나님이신 것을 한시도 잊지 말아야 합니다. 해맑은 아이의 눈동자와 환한 웃음 속에서 생명의 창조자이신 하나님을 보게 하시고, 이 어린 영혼을 통해서 하나님의 영광이 우리 가정에 나타나게 하시기를 기도해야 합니다.

아이의 몸이 무럭무럭 자라면서 믿음과 지혜가 같이 자라게 하시고, 마음이 온유하고 겸손하여 주님을 닮게 하시고, 하나님과 사람 앞에 은총과 존귀히 여김을 받는 아이로 자랄 수 있도록 주의 성령이 은혜 베풀어 주시기를 위해 또한 기도해야 할 것입니다.

또한 이 아이로 인하여 부부의 사랑이 더욱 견고하여 지도록 역사하여 주실 것을 믿습니다. 더욱 단단한 사랑의 끈으로 우리 부부가 하나로 결속되게 하시며 성령이 하나되게 하신 것을 힘써 지키는 우리 가정이 되게 하실 것을 믿습니다.

주님의 기쁨이 항상 이 아이에게 머물러 있음을 믿습니다. 이 아이가 자라 이 세상에서 존귀한 자리에 이를 때에 자신의 영광을 드러내지 않게 하시고 오직 주님의 영광을 나타내는 아이가 되게 하실 줄을 믿습니다.

"자식은 여호와의 주신 기업이요 태의 열매는 그의 상급이라!"고 말씀하셨습니다. 이 자녀가 참으로 우리 부부의 기업이 되게 하시고 상급이 되게 하시고 머리위에 면류관이 되게 하심을 믿사오며 이 시간 이후로 영원토록 이 아이를 지키시며, 인도하시며, 책임지실 하나님이 되어 주실 것을 믿습니다.

기도

사랑과 은혜가 충만하신 주님!

이 아이가 자라 어디에서 무엇을 하고 있든지 주께서 동행하여 주시기를 기도합니다. 건강과 지혜와 믿음으로 가득하게 하시기를 소망합니다.

또한 만남의 복을 주심으로 이 아이 곁에는 항상 도울 자들이 가득하게 하시고, 악한 무리들은 일절 붙지 않도록 주께서 지켜 주시기를 기도합니다.

어려서부터 큰 꿈을 꾸게 하시고, 무엇을 하든 머리가 될지언정 꼬리가 되지 않게 하시고, 사무엘과 같이 하나님께 기도함으로 주님을 의지할 줄 알게 하시며 예배를 귀히 여기는 주의 자녀가 되게하여 주시옵소서.

이 시간 또한 기도하옵기는 이 아이를 맡아 키우는 우리 부부에게 흠 없이 아이를 양육할 수 있도록 힘과 능력을 더하여 주시기를 기도합니다.

부모로서 자녀를 칭찬하며 축복하는 말을 아끼지 않게 하시고 부모가 줄 수 있는 모든 사랑을 받아먹게 하심으로 자존감이 높은 아이로 장성하게 하여 주옵소서! 우리 주님 예수 그리스도의 이름으로 기도합니다. 아멘!

폐회 : 주기도문

9 자녀가 여행을 떠날 때 드리는 예배

말씀 : "여호와는 너를 지키시는자라 여호와께서 네 우편에서 그늘이 되시나니 낮의 해가 너를 상치아니하며 밤의 달이 너를 해치 아니하리로다 ... 여호와께서 너의 출입을 지금부터 영원까지 지키시리로라!" (시편 121:5~8)

설교 : 하나님의 돌보심

우리 가정의 사랑하는 ○○이(가) 이제 내일이면 학교(학원)행사 중의 일환으로 여행을 떠나게 됩니다. 집을 떠나 생활하는 ○박 ○일간의 모든 시간 가운데 하나님이 동행이 되어 주시기를 바라며 이 시간 하나님 앞에 예배를 드립니다.

집 떠나서 생활하는 모든 생활이 낯설고 불편한 것이 있겠지만 오히려 그 속에서 단체생활을 배우며 한층 성숙한 모습으로 돌아오는 여행길이 되길 소망합니다.

공부보다도 더욱 소중한 대인관계를 익히고 늘 나만 알았던 이기적인 모습을 버리고, 동료와 친구를 배려하고 생각하는 사려 깊은 모습도 키우며 많은 것을 배우는 여행이 되기를 바랍니다.

또한 부모님과 식구들을 떠나 있는 시간동안 부모님 곁에만 있었을 때는 알지 못했던 우리의 가정이 얼마나 소중한 곳인지도 깨닫게 되는 은혜가 있기를 바랍니다.

육신의 부모님이 자녀를 돌보고 보호하는 것은 한계가 있습니다. 그러나 우리 영의 아버지 되신 하나님은 우리가 어디를 가든지 불꽃같은 눈으로 지키시고 눈동자와 같이 보호하시는 하나님이십니다.

오늘 본문의 말씀과 같이 하나님은 ○○이를 지키시는 하나님이십니다. 사람은 피곤하여 졸 때도 있고 잠을 잘 때가 있지만 하나님은 졸지도 주무시지도 않고 우리를 지켜보호 하심을 믿습니다.

사랑하는 ○○이가 하나님의 아들(딸)인고로 어디서 무엇을 하든지 하나님의 지키심이 있을 것입니다. 저 문지방을 떠나는 순간부터 저 문지방 안으로 다시 들어오는 시간까지 전능하신 하나님의 팔이 항상 ○○이의 여행길 위에 세심하신 인도와 보호하심으로 함께 하실 것을 믿습니다.

바라기는 사랑하는 ○○이가 하나님의 아들(딸)이라고 하는 믿음이 항상 견고한 반석위에 서 있어야 한다는 것입니다. 하나님의 아들(딸)은 결코 세상사람들이 즐기는 것을 모두 다 따라서 할 수 없고 하나님의 자녀답게 정결함을 잃어서는 안 된다는 것입니다.

하나님의 아들이고 딸인 것이 부담스러움이 아니라 자랑스러움이 될 때에 우리 ○○이의 가는 길에 놀라운 하나님의 보호하심과 인도하심이 있을 것입니다.

본문 마지막 8절의 말씀처럼 "너의 출입을 지금부터 영원까지 지키신다!"고 하신 말씀을 마음에 품고 설레고 기쁜 마음으로 여행길을 떠나게 하심을 믿습니다.

기도

사랑이 많으신 하나님 아버지!

사랑하는 ○○이가 이제 집과 부모를 떠나 ○박 ○일 동안 여행길을 떠나게 됩니다. 지금까지 경험하지 못했던 일들과 가보지 못했던 지역들을 새로 경험하고 보게 됩니다. 여행기간 동안 불꽃같은 눈으로 항상 지키시고 눈동자와 같이 보호해 주시기를 기도합니다.

짧은 여행길이지만 집에서는 배울 수 없는 인생의 많은 부분들과 색다른 것들을 배우고 돌아올 수 있는 복된 시간되게 하시기를 또한 기도합니다.

같이 여행을 떠나는 친구들과 더욱 아름답고 보기 좋은 우정을 쌓게 하시고, 인생에서 아름답고 잊지 못할 추억을 만들게 하시며, 가정과 부모님의 소중함을 깨닫는 그러한 시간 되게하여 주시옵소서!

육신의 부모인 엄마 아빠는 항상 ○○이를 지켜볼 수 없고, 또한 도울 수도 없지만 전능하신 하나님 아버지께서는 항상 사랑하는 ○○이를 도우시고 지키시는 은혜로우신 아버지이신 것을 믿습니다.

사랑하는 ○○이를 지켜 주실 때 옆에 있는 친구들도 같이 지켜 주시고, ○○이를 도와주실 때 ○○이와 같이 한 모든 이들을 도와주실 것을 믿습니다.

그리하여 하나님이 함께 하시는 우리 아들(딸)인 것을 모든 사람이 알게 하여 주시옵소서! 돌아오는 그 순간까지 항상 함께 하심을 믿사오며 우리 ○○이를 사랑하시는 우리 주님 예수 그리스도의 이름으로 기도합니다. 아멘!

폐회 : 주기도문

⑩ 자녀가 여행에서 돌아와 드리는 예배

말씀 : "내가 너와 함께 있어 네가 어디로 가든지 너를 지키며 너를 이끌어 이 땅으로 돌아오게 할지라 내가 네게 허락한 것을 다 이루기까지 너를 떠나지 아니하리라 하신지라"(창세기 28:15)

설교 :동행이 되신 주님

사랑하는 자녀 ○○이를 ○박 ○일간의 여행기간 동안 함께 하시고 지켜 주셨다가 다시 가정의 품으로 돌아올 수 있게 은혜 베풀어 주신 하나님께 감사를 드립니다.

아무리 좋은 여행길이라 하더라도 집 떠나면 고생이란 말이 있습니다. 그러나 그와 같은 경험을 통하여 집이 얼마나 귀하고 소중한 곳인지도 깨닫게 된 여행길이었음을 믿습니다.

어찌보면 우리의 인생길은 여행길이나 마찬가지입니다. 우리의 본향은 천국이니까요. 인생이라는 여행길에서 주님이 언제나 ○○이의 동행이 되시고 함께 하심으로 은혜를 베풀어 주실 것을 믿습니다.

오늘 말씀에서 야곱이 집을 떠나 삼촌집으로 가면서 하나님의 말씀을 듣습니다. "내가 너와 함께 있어 네가 어디로 가든지 너를 지키며 너를 이 땅으로 돌아오게 할지니 내가 네게 허락한 것을 다 이루기까지 너를 떠나지 아니하리라!" 입니다.

하나님은 우리의 인생길을 돌아오게 하시는 분이십니다. 오늘 ○○이가 여행길에서 부모의 품으로, 사랑하는 가정으로 다시 돌아온 것처럼, 우리를 이 땅에서 사는 동안 함께 하시고 지켜 주셨다가 우리의 영적 가정의 아버지가 계신 천국으로 돌아오게 하시는 분이십니다.

돌아오게 하시기까지 항상 하나님의 뜻하신 바가 있습니다. 하나님은 우리가 세상을 살아가는 동안 하나님 아버지의 영광을 나타내며 살기를 원하십니다.

사람이 살아가는 모든 일들 속에 마치 하나님이 안 계신 것처럼 보이지만 그 가운데 보이지 않는 하나님을, 살아 계신 하나님으로 믿고 하나님을 섬기며 그분의 말씀을 준행하고 살아가는지, 아니면 그렇지 않고 반대로 하나님이 자기눈에 안 보이니까 자기 맘대로 인생길을 살아가는지 하나님은 다 보고 계십니다.

하나님이 우리에게 바라시는 것은 믿음입니다. 노아와 에녹처럼 악한 세상에서도 항상 보이지 않는 하나님을 곁에 모시고 하나님의 영광을 위해 사는 사람을 하나님은 기뻐하십니다.

나를 이 자리에 보내시고 이 일을 하게 하신 뜻이 무엇인지를 항상 생각하고 그 안에서 인생을 계획하며 설계할 때, 하나님은 우리 인생의 동행이 되시고 우리들에게 많은 은혜를 베풀어 주실 것을 믿습니다.

우리가 인생의 여행길을 살아가는 동안 오늘 야곱에게 하신 말씀과 같이 하나님이 허락하신 것이 있습니다. 그 허락하신 것 중에는 훈련의 과정과 연단의 과정도 있습니다.

또한 주님이 허락하신 것 가운데 우리 육신의 건강과 가정의 행복과 그리고 하는 일의 형통 또한 있습니다. 이와같이 주님이 허락하신 인생의 복들이 우리 식구들과 우리 자녀의 앞길에 항상 같이 하기를 간절히 소망합니다.

기도

사랑이 많으신 하나님 아버지!

사랑하는 ○○이의 여행길에서 지킴이 되시고 보호자가 되시고 인도자가 되어 주심에 감사를 드립니다.

우리 가족이 이렇게 다시 하나님께 감사의 예배를 드림은 우리가 인생이라고 하는 여행길을 살아가면서 하나님의 인도하심과 보호하심 없이는 결코 살 수 없는 사람들인 것을 말씀드리기 위함입니다.

우리 가족들이 저 문지방을 드나들 때 항상 하나님이 동행하여 주시옵시고 하나님이 허락하신 복을 받기에 부족함이 없는 믿음이 될 수 있도록 역사하여 주시기를 기도합니다.

하나님의 성령이 우리 자녀들의 앞길에 항상 동행이 되시고 필요한 지혜와 건강과 지혜로 가득하게 섭리하여 주시옵소서. 각자 처한 처소에서 살아갈 때에 하나님의 영광을 드러내기에 부족함이 없는 자녀들로 성장하게 하시기를 간절히 원하오며, 오늘도 예배를 통하여 우리 가족으로 온전히 하나되게 하시는 우리 주님 예수 그리스도의 이름으로 기도합니다. 아멘!

폐회 : 주기도문

⑪ 입학 예배

말씀 : "아브라함이 그 땅 이름을 여호와이레라 하였으므로 오늘까지 사람들이 이르기를 여호와의 산에서 준비되리라 하더라"(창세기 22:14)

설교 : 지혜와 명철을 더하여 주시는 주님

감사하신 주님!

사랑하는 ○○가 어느덧 자라 (초등, 중등, 고등, 대학교)에 입학하게 되었습니다. 이제까지 함께 하시고 앞길을 인도해 주신 하나님을 생각할 때에 감사와 찬송을 드립니다.

여호와이레의 하나님께서 ○○(을)를 위하여 미리 예비하셨다가 허락하신 학교에 올해 입학하려고 합니다. 하나님이 주신 학교이니 ○○가 이 학교를 사랑하게 하시고 즐겁고 활기찬 학교생활이 되게 하시기를 소망합니다.

하나님이 학교를 예비하셨으니 또한 선생님과 친구들도 예비하셨음을 믿습니다. 참으로 인생을 배울 수 있는 귀한 선생님을 만날 수 있도록 주님께서 역사하여 주시고, 마음을 나누고 의지할 수 있는 선한 친구들이 주위에 가득하게 하실 것을 믿습니다.

학교에 공부하러 갑니다. 지혜와 명철을 더하여 주시어서 하나를 알면 열을 깨달아 알 수 있는 직관력을 주시고, 이해하는 영과 깨닫는 영으로 함께 하시며 좀 더 집중하여 학업에 임할 수 있도록 집중력도 더하여 주실 줄을 믿습니다.

무조건 억지로 하는 공부가 되지 않게 하시고, 지적인 호기심을 가지고 학업에 임할 수 있도록 하시며, 분명한 목표를 바라보면서 비전과 꿈을 키우며 스스로 동기부여를 할 수 있도록 하나님의 성령이 ○○(을)를 인도하실 것을 믿습니다.

이 땅의 모든 지식은 하나님에게서 말미암은 것임을 믿습니다. 여호와 하나님은 그 지식으로 해양이 갈라지게 하셨으며 공중에서 이슬이 내리게 하셨다고 또한 말씀 하셨습니다.

우리가 살아가는 모든 세상에 주신 하나님의 지식과 경륜을 볼 수 있는 지식의 눈을 뜰 수 있도록 사랑하는 ○○이에게 지혜와 명철을 허락하여 주실 것을 믿습니다.

아름답고 추억에 남는 귀한 학교생활이 될 수 있도록 항상 동행하시며 오늘 말씀처럼 여호와이레의 하나님께서 항상 필요한 것으로 채워주실 것을 믿습니다.

기도

여호와를 경외하는 것이 지식의 근본이라 말씀하신 주님! 사랑하는 ○○이가 (초등, 중, 고등, 대)학교를 입학하려 합니다. 학교에서 학업을 쌓으며 지식이 늘어날 때 마다 그 지식을 이 땅에 주신 하나님을 찬양하게 하시고 더욱 겸손한 마음을 갖게 하여 주시옵소서!

학교는 공부만 하러 가는 곳이 아닌 줄 믿습니다. 학교라고 하는 작은 사회속에서 선생님과 친구들을 대하며 사회성이 자라게 하시고 대인관계를 익히게 하여 주시기를 기도합니다.

자기가 있어야 할 자리를 잘 찾게 하시고, 넓은 마음으로 친구를 배려할 줄 알게 하시며, 사려깊은 생각과 행동으로 선생님의 칭찬과 사랑을 받는 아이가 되게하여 주시옵소서!

친구들 사이에 리더십 있는 아이가 되게 하시며 정의감 있는 아이가 되게 하심으로 불의 앞에서는 항거할 줄 아는 용기도 허락하여 주시옵소서!

학교생활 하면서 인격이 성숙해지고 세상을 보는 가치관이 잘 정립 되게 하시며, 늘 긍정적이며 감사한 마음으로 생활할 수 있도록 주께서 함께 하여 주시옵소서!

집과 학교를 오가는 길 위에도 하나님이 불꽃같은 눈으로 지켜 주시고 동행하여 주심으로 안전한 등하교길이 될 수 있도록 역사하여 주시옵소서!

사랑하는 ○○이의 (초등, 중등, 고등, 대학교) 학창생활 위에 함께 하실 우리 주님 예수 그리스도의 이름으로 축복하며 기도합니다. 아멘!

폐회 :주기도문

12 졸업을 위한 예배

말씀 : "너희 속에 착한 일을 시작하신 이가 그리스도 예수의 날까지 이루실 줄을 우리가 확신하노라"(빌립보서 1:6)

설교

사랑하는 하나님 아버지!

사랑하는 ○○이가 엊그제 (초등, 중, 고등, 대학교)를 입학한 것 같은데 벌써 졸업을 하게 되었습니다. 학교를 졸업하기까지 항상 함께 해 주시고 은혜를 주신 하나님의 사랑에 깊은 감사를 드립니다.

하나님께서 인도하신 (초등, 중, 고등, 대학교)학창생활이었음을 고백합니다. 학업을 감당하기 위해 많은 어려움과 힘든 과정이 있었지만, 그때마다 하나님께서 크신 은혜로 보살펴 주시고 돌보아 주심으로 영광스런 오늘 이 자리가 있는 것을 믿습니다.

시작이 있으면 마침이 있음을 믿습니다. 우리의 시작을 언제나 함께 해 주시고 우리의 가야할 길을 인도하시는 분이 우리 주님이신 것을 믿습니다.

이제 졸업을 하면서 상급학교로 진학을 하게 됩니다. 하나님께서 예비하신 상급학교에서도 더욱 열심히 학업에 임하게 하시고, 꿈과 비전을 꿈꾸며 즐거운 학창시절을 보낼 수 있도록 도와주시기를 간절히 소망합니다.

기도해서 얻은 학교였습니다. 이제 또한 기도해서 얻은 학교를 가고자 합니다. 주님께서 그곳에 기다리고 있는 선생님을 예비하여 주시옵시고, 친구들도 그리하여 주시옵소서. 인생을 배울 수 있는 훌륭한 선생님과 선한 믿음의 친구들을 만날 수 있도록 만남의 복으로 함께 하실 것을 믿습니다.

꿈과 비전은 우리 아이들이 꾸지만 그곳에 도달하게 하시는 이는 우리 하나님이신 것을 믿습니다. 사람이 마음으로 자기 길을 계획할지라도 그 걸음을 인도하시는 이는 여호와 하나님이라 하셨습니다.

또한 너는 네 명철을 의지하지 말고 범사에 그를 인정하라 그리하면 네 길을 지도하시리라고 말씀하셨습니다.

사랑하는 ○○이가 힘든 학업을 이어 가면서 오직 주님만을 의지하고 바라며 주님의 도우심을 받는 아이가 되길 기도합니다.

보혜사 성령으로 항상 곁에 계시는 주님을 섬기고 바랄 수 있는 믿음이 항상 견고한 반석 위에 서 있게 하여 주시옵소서!

이 시대에 주님의 마음을 기쁘시게 하는 일에 쓰임받는 귀한 주의 일꾼으로 자라게 하실 것을 믿습니다. 사랑하는 ○○이에게 선한 일을 시작하신 주님께서 예수 그리스도의 날까지 아름답게 그

일을 열매맺게 하시기를 간절히 소망합니다.

기도

자비로우신 주님!

사랑하는 ○○이의 (초등, 중, 고등, 대)학교 생활가운데 함께 하심을 감사드립니다. 바라옵기는 학업을 감당하면서 터득한 많은 지식이 상급학교에서도 귀하게 쓰여지게 하시고 또한 학창시절을 지내면서 하나님이 만나게 하신 인간관계를 평생의 귀한 자산으로 여기게 하시고 동기들간의 우정을 기억하게 하여 주시옵소서!

졸업은 또 다른 시작이라고 했습니다. 우리가 하나님 나라 가는 그 순간까지 시작과 끝이 반복될 텐데 그때마다 알파와 오메가 되신 주님께서 우리의 인생길을 인도하여 주실 줄을 믿습니다.

우리의 시작과 함께 하시며 우리의 끝과 마지막을 항상 아름답게 하실 우리 주님 예수 그리스도의 이름으로 축복하며 기도하옵나이다. 아멘!

폐회 : 주기도문

13 시험(입학, 취직)을 앞두고 드리는 예배

말씀 : "두려워하지 말라 내가 너와 함께 함이라 놀라지 말라 나는 네 하나님이 됨이라 내가 너를 굳세게 하리라 참으로 너를 도와 주리라 참으로 나의 의로운 오른손으로 너를 붙들리라"(이사야 41:10)

설교 : 너를 붙들리라!

시험을 앞두고 지금 마음이 많이 떨리고 긴장된 상태인 것을 부인할 수 없습니다. 당사자인 ○○이 뿐만 아니라 가족들도 모두 같이 떨리는 마음으로 시험을 치루는 이 시간인 줄을 믿습니다.

전능하신 하나님께 예배를 드리는 이 시간을 통하여 놀라우신 하나님의 손길이 ○○이와 우리 가족의 마음을 평안으로 주장하시기를 원합니다.

우리 하나님은 무엇보다 우리의 마음을 지켜 주시는 하나님이십니다. 두려운 마음에서 담대한 마음으로 그리고 떨리는 마음에서 안정된 마음으로 우리의 마음을 붙들어 주시는 하나님이신 것을 믿습니다.

오늘 주시는 말씀과 같이 우리가 두려움 가운데 떨지 않아도 되는 것은 하나님이 함께 하시기 때문입니다. 그리고 그 하나님이

나의 하나님이 되어 주시기 때문입니다.

이제 중요한 것은 그와 같은 믿음이 있는지가 중요합니다. 주님이 정말 나와 함께 하시고 나의 하나님이 되어 주실 것이라는 믿음은 우리로 하여금 참다운 담대함과 용기를 갖게 합니다.

오늘 시험을 치루는 ○○이와 우리 가족들 모두가 이 믿음이 있기를 바랍니다. 의심하는 자는 두 마음을 품은고로 받을 것을 생각지 말라고 하셨습니다. 하나님이 주신 말씀대로 이루실 것이라는 찰떡같은 믿음이 있기를 소망합니다. 전능하신 하나님이 도와주신다고 했는데 어찌 그 말씀을 번복하시겠습니까!

하나님께서 떨리는 마음을 붙잡아 주시는 것으로 도와주실 것입니다. 그동안 수고하며 공부했던 것 잘 생각나게 해주시는 것으로 도와주실 것입니다. 시험마치는 순간까지 지혜와 명철을 더하여 주시는 것으로 또한 도와주실 것입니다. 체력이 능히 바닥나지 않도록 또한 도와주실 것입니다.

우리가 찬송한 것처럼 약속하신 주님말씀 붙잡고 굳게 서는 은혜가 있기를 바랍니다. 우리는 주님의 말씀을 붙잡는 것이고 주님은 우리의 몸과 마음을 붙잡아 주시는 것을 믿습니다.

말씀을 붙잡는다는 것은 곧 하나님을 붙잡는다는 의미입니다. 오늘 특별히 이사야 41:10의 본문 말씀은 우리의 신앙의 수 많은 선배들이 이미 그들의 삶속에서 붙들고 승리한 말씀인 것을 믿습니다.

오늘 ○○이와 우리 가족 모두가 계속해서 이 말씀을 암송하고 묵상하고 큰소리로 외칠 때에 하나님의 역사가 함께 하실 것을 믿습니다.

오늘 주신 말씀대로 의로우신 주님의 팔이 사랑하는 ○○이의 마음과 가족들의 마음을 붙잡아 주실 것을 믿으며 우리 다함께 기도 하겠습니다.

기도

감사하신 하나님 아버지!

사랑하는 ○○이가 오랫동안 준비하고 기도하며 공부했습니다. 이제 평가받는 시간을 앞두고 하나님 앞에 온전히 맡기기를 원하옵나이다. 온전히 주의 성령께서 ○○이를 붙들어 주시고, 마음의 평안을 주시어서 차분한 마음 가운데 실력을 마음껏 발휘할 수 있도록 최상의 컨디션을 허락하여 주시옵소서!

누구든지 지혜가 부족하거든 모든 이에게 후히 주시고 꾸짖지 아니하시는 하나님께 구하라 그리하면 주시리라 말씀하신 주님!

이 시간 사랑하는 ○○에게 집중력과 함께 솔로몬에게 주셨던 지혜와 명철의 영을 부어 주시옵시기를 간절히 기도합니다.

시험문제 한 문제 한 문제를 대하면서 공부했던 것들이 잘 생각나게 하시며 생각이 막히지 않고 머리회전이 잘 될 수 있도록 역사하여 주시옵소서! 다니엘에게 주셨던 총명함을 사랑하는 ○○

에게도 허락하시기를 간절히 원합니다.

주의 전능하신 팔에 붙들려 시험장으로 향할 때 사자같이 담대하게 시험장 문을 들어서게 하시며 웃으며 시험장을 나오기까지 주의 성령께서 매 시간 시간을 주장하여 주실 것을 믿사오며 언제나 우리의 도움이 되시는 우리 주님 예수 그리스도의 이름으로 기도합니다. 아멘!

폐회 : 주기도문

14 입대할 때 드리는 예배

말씀 : "나의 가는 길을 오직 그가 아시나니 그가 나를 단련하신 후에는 내가 정금 같이 나오리라"(욥기 23:10)

설교 : 하나님의 전신갑주

사람은 성장하면서 한 부모님에게 속한 자신의 모습 뿐만 아니라 한 나라에 속한 자신의 모습을 보며, 보다 성숙한 인격으로 성장하게 됨을 알 수 있습니다.

그리고 나라가 서기 위해서는 그 나라를 지키고 안보하는 힘이 있어야 한다는 것도 알게 됩니다.

그냥 지켜지는 것은 없습니다. 누군가가 지키고 있기 때문에 우리는 편안히 잠들 수 있는 것이고, 누군가가 안보하고 있기 때문에 우리는 행복을 누릴 수 있는 것입니다.

이와같은 원리는 영적이고 육적인 모든 이치에서 마찬가지입니다. 하나님이 우리를 불꽃같은 눈으로 지키고 계심으로 우리는 악한 마귀의 손아귀에 빠지지 않는 것이고, 또한 군인들이 지금 이 순간에도 나라를 지키고 있기에 우리는 평안을 누릴 수 있는 것입니다.

평화를 사랑하고 전쟁을 원치 않기 때문에 총을 들고 군에 가는 것입니다. 평화를 사랑함으로 자신은 총을 들지 않겠다고 하며 사회적으로 물의를 일으키는 이단에 속한 사람들은 하나는 알고 둘은 모르는 사람들입니다.

내가 원치 않는다고 해서 전쟁을 하지 않는 것이 아니라 힘이 없으면 언제든지 침략을 당하는 것이 세상의 이치이기 때문입니다. 그것을 우리는 역사 속에서 이미 배워서 알고 있습니다.

마치 우리가 영적으로 하나님의 전신갑주를 입지 않고는 악한 마귀가 언제든지 우리 안에서 역사할 수 있듯이, 우리가 무장을 하고 있지 않으면 적은 언제고 우리에게 쳐들어 와서 우리의 자유와 행복을 빼앗아 가는 것입니다.

우리가 우리의 집을 도적으로부터 지킬 때에도 이곳저곳에 방범준비를 하는 것과도 같습니다.

악한 마귀로부터 우리의 영을 지키듯이, 도적과 강도로부터 우리 가정과 집을 지키듯이, 대치하고 있는 적으로부터 나라를 지켜야 합니다.

나라를 지키고 수호하는 귀한 임무를 맡아 이제 군에 입대하는 사랑하는 아들 ○○에게 하나님의 지키심이 또한 있을 것입니다.

모든 훈련의 과정과 군 생활 속에서 하나님의 뜻하신 귀한 모습으로 연단받고 정금같이 나오는 은혜도 있을 것입니다. 군 생활이라고 하는 시간이 결코 헛된 시간되지 않고 알차고 보람된 시간으로 하나님이 역사하실 것을 믿습니다.

기도

사랑이 많으신 하나님 아버지!

사랑하는 아들이 자라 어느덧 국방의 의무를 감당해야 하는 나이가 되었습니다. 그동안 건강한 몸과 마음으로 자라게 하신 하나님께 감사의 기도를 드립니다.

부모님 슬하에서 사랑받는 아들로만 지내다가 이제는 국가의 일원으로서 그 책임을 다하는 자리에 서길 원합니다. 부모님이 있어 내가 있듯이 조국이 있어 또한 내가 있음을 믿습니다. 어느 곳에서 근무를 하고 어느 곳에서 훈련을 할지 모르지만 더욱 넓은 시각으로 세상을 바라보며 부모에게 효도 했듯이 국가에도 충성하는 아들이 되게하여 주시옵소서!

사랑하는 아들의 앞길을 예비하실 때에 군대라고 하는 단련의 장을 허락 하심은 그곳에서 더욱 듬직하고 남자다운 아들로 다시 태어나게 하심인 것을 또한 믿습니다. 집 떠나서 모든 것이 다른 사회속에서 지내게 됩니다. 단체생활 속에서 사회성이 길러지게 하시고, 위계질서를 배우게 하시며 오랜시간 참고 견디는 인내를 배우게 하여 주시옵소서!

군대 생활을 통하여서 사회에서는 결코 배우지 못하는 여러가지 일들을 경험하게 하시고 자신의 인격성숙과 자아 신장의 기회가 될 수 있도록 은혜 베풀어 주시옵소서.

군 생활 동안 인격으로나 믿음에 있어서나 한 단계 성숙된 아들의 모습으로 다시 태어나게 하여 주실 것을 믿습니다. 2년이라는 시간이 결코 헛된 시간되지 않게 하시고 알찬 시간으로 보내는 지혜를 허락하여 주시옵소서! 여호수아 같은 담대함으로 지키시며 제대하는 그날까지 항상 보호하여 주시옵소서! 예수님 이름으로 기도합니다. 아멘!

폐회 : 주기도문

15 제대할 때 드리는 예배

말씀 : "사람이 마음으로 자기 길을 계획할지라도 그 발걸음을 인도하시는 자는 여호와시니라"(잠언 16:9)

설교 : 인도하시는 하나님

사랑하는 아들이 군 생활을 마치고 이렇게 건강한 모습으로 다시 부모님과 가정의 품으로 돌아오게 하신 하나님의 은혜에 감사를 드립니다.

이제 다시 미래를 꿈꾸며 많은 생각이 머릿속에 있는 것을 믿습니다. 그러나 사람이 마음으로 그 길을 계획한다 해도 그 발걸음을 인도하시는 분이 우리 하나님이라고 하셨습니다.

오늘 본문에 의하면 사람은 그 길을 계획한다고 하고 하나님은 그 걸음을 옮기신다고 합니다. 인생의 목표지점을 바라보며 나아가다 보면 갑자기 길이 끊어질 때가 있습니다.

분명히 내가 계획하고 설계했던 대로라면 이 길을 돌아서면 또 다른 길이 나타나야 하는데 그 앞에 큰 바위가 가로 막고 있고 큰 시내가 버티고 있을 수 있습니다.

바라만 보았던 것과 실제 거기에 가 본 것과는 많은 차이가 있었기 때문입니다. 이상과 현실의 차이입니다. 군 생활을 마치며 많은 생각과 계획이 있을 것이지만 그 길을 하나님께서 인도해 주실 겁니다.

오늘 말씀에 의하면 바로 그때 하나님이 도와 주십니다. 바위를 넘어가고 시내를 돌아가는 길을 인도해 주실 거라고 말씀하십니다.

중요한 것은 어떠한 경우에도 믿음을 잃어버려서는 안 된다는 것입니다. 악한 마귀는 결국 우리의 믿음을 앗아가는 것으로 하나님의 도움도 받지 못하게 할 것입니다.

하나님은 믿는 자에게 역사하시는 하나님이십니다. 그래서 믿음은 성도로 하여금 하나님이 역사하시는 능력이 되는 것입니다.

하나님은 우리의 현실과 함께 하십니다. 우리의 꿈과 이상 가운데도 역사하시지만 우리의 삶의 길 위에 더욱 크게 역사 하십니다. 가시밭길과 고난의 길까지도 다 헤치고 그래서 목표지점까지 가게 하실 것입니다.

하나님이 원하시는 자리, 하나님 뜻하신 자리, 하나님 약속하신 그 자리까지 가게 하실 것입니다.

군 생활을 지키시고 인도하셨듯이 하나님께서는 사랑하는 아들에게 젖과 꿀이 흐르는 축복의 땅 가나안을 예비하시고 그 길을 인도하실 것을 믿습니다.

기도

사랑이 많으신 하나님 아버지 감사합니다.

2년간의 군 생활을 불꽃같은 눈으로 지키시고 눈동자와 같이 보호하셨다가 이렇게 제대감사 예배를 드리게 하시니 또한 감사를 드립니다.

사랑하는 아들의 군 생활을 인도하시고 육신을 지키시고 믿음을 지키시고 인도하심 같이 이제 계획하는 비전 위에도 역사하시기를 기도합니다.

하나 하나 차분하게 다시금 사회에 적응하게 하시고 군생활에서 배웠던 것들을 적용할 수 있는 여유를 주시며 초조한 마음을 버리고 모든 것을 주님께 맡기고 나아갈 수 있도록 은혜 베풀어 주시기를 기도합니다.

믿음의 사람은 오직 믿음으로 행하고 보는 것으로 행하지 않는다 했습니다. 어떤 상황 속에서도 주님을 바라는 믿음을 잃지 않게 하시고 가는 곳마다 주님의 십자가 군사가 되어서 악한 마귀를 물리치고 하나님의 영광을 나타내는 역사가 있게 하여 주시옵소서!

그리하여서 사랑하는 아들과 하나님이 함께 하신다고 하는 사실을 그와 함께 하는 주위의 있는 모든 사람들이 알게 하여 주시옵소서!

하나님의 기쁨이 되고 하나님의 영광을 나타내기에 합당한 아들로 세워 주시옵기를 간절히 원하오며 사랑하는 아들을 다시금

가정과 부모의 품으로 돌려주신 우리 주님 예수 그리스도의 이름
으로 기도합니다. 아멘!

폐회 : 주기도문

3.
온 가족이 드리는 예배

16 자녀의 생일 날 드리는 예배(1)

말씀 : "자식은 여호와의 주신 기업이요 태의 열매는 그의 상급이로다"(시편 127:3)

설교 : 기업과 상급

오늘 이렇게 ○○이의 생일을 맞아 하나님 앞에 예배하게 하시니 감사를 드립니다.

사랑하는 ○○이가 어느덧 커서 ○○살이 되었습니다. 이제까지 키워 주시고 앞길을 인도해 주신 분이 우리 하나님이신 것을 믿습니다.

사랑하는 ○○이를 이 세상에 보내심은 사무엘과 같이 다윗과 같이 이 시대에 하나님의 영광을 나타내고 큰 기쁨으로 삼고자 함인 것을 믿습니다.

이 세상에는 사람의 기쁨이 되는 사람이 있고 하나님의 기쁨이 되는 사람이 있습니다. 사랑하는 ○○이가 사람의 기쁨이 되기전에 먼저 하나님의 기쁨이 되어야 겠습니다.

하나님의 기쁨이 되기 위해서는 먼저 믿음을 키워야 합니다. 믿음이 없이는 기쁘시게 못하나니 하나님께 나아가는 자는 반드시 그가 계신 것과, 자기를 찾는 자들에게 상주시는 이심을 믿어야 한다고 말씀했기 때문입니다.

부모님의 기쁨이 되고서야 부모님에게 상을 받고 좋은 것으로 선물 받듯이, 하나님의 기쁨이 되면 하나님의 온갖 좋은 것이 우리 자녀의 인생길에 가득 임하게 됨을 믿습니다. 온갖 좋은 은사와 온전한 선물이 다 위로부터 빛들의 아버지께로부터 내려온다고 하셨기 때문입니다.

또한 부모인 아버지와 어머니에게는 기업과 상급으로 주신 자녀인 것을 믿습니다. 오늘 시편의 말씀에 의하면 자녀를 가리켜서 기업이고 상급이라 하셨습니다.

기업은 회사만 기업이 아니라 우리의 자녀 또한 기업이라는 말씀입니다. 자녀 키우는 것을 자식농사라고 하듯이 우리의 자녀를 양육함이 기업을 양육함 같다는 말씀입니다. 기업을 이루어 놓으면 그것으로 명예를 얻듯이 장성한 자녀는 부모의 명예요 상급입니다.

그래서 다 자란 자녀들을 바라보는 부모님들은 '밥 안 먹어도 배부르다!'는 말씀을 하신 것입니다.

부모는 자녀들을 위해서 기도하기를 쉬지 말아야 합니다. 참으로 영광스런 자녀로 자라기를 소원하며 기도해야 합니다.

그리고 또한 부모님이 주의해야 할 일은 자녀를 자신의 소유물로 여겨서는 안 된다는 것입니다. 자녀의 있는 모습 그대로를 사랑하고, 인정해 주고, 받아 주어야 한다는 것입니다.

우리의 자녀인 ○○이를 바라볼 때 참으로 하나님이 부모에게 주신 기업이요 상급으로 보이는 은혜가 있기를 축복 합니다.

기도

사랑이 많으신 하나님 아버지!

사랑하는 ○○이가 어느덧 성장하여 ○○살이 되었습니다. 오늘 이렇게 하나님을 예배함으로 ○○이의 생일을 축하하게 하시니 감사드립니다.

이 시간 기도하옵기는 사랑하는 ○○이가 하나님의 커다란 기쁨이 된 아이로 성장하기를 소망합니다. 하나님 앞에서 자라났던 사무엘처럼 하나님과 마음이 합했다고 하는 다윗처럼 가는 곳마다 하나님의 살아계심과 하나님의 영광을 나타내는 ○○이가 되게 하시기를 기도합니다.

키가 자라고 몸이 사람같이 믿음과 지혜가 같이 자라게 하시고 하나님과 사람 앞에 은총과 존귀히 여김을 받는 자녀가 되게 하시기를 소망합니다.

집에서는 부모님의 말씀에 순종하는 아이가 되게 하시고, 학교에서는 지혜로 학업에 임하게 하시며, 동기들 간에도 서로 사랑하며 자신의 자리를 잃지 않는 하나님의 자녀가 되게하여 주시옵소서!

세상의 시류와 죄악에 휩쓸리지 아니하고 오직 주님 말씀에 붙들려서 살아가는 참된 하나님의 자녀가 되게하여 주시옵소서!

또한 부모인 우리에게 하나님이 주신 기업이요 상급이 될 수 있도록 날마다 축복해 주실 것을 믿사오며 사랑하는 우리 ○○이를 우리 부부의 기업이요 상급으로 주신 예수님의 이름으로 기도합니다. 아멘!

폐회 : 주기도문

17 자녀의 생일날 드리는 예배(2)

말씀 : "네가 네 하나님 여호와의 말씀을 삼가 듣고 내가 오늘 네게 명령하는 그의 모든 명령을 지켜 행하면 네 하나님 여호와께서 너를 세계 모든 민족 위에 뛰어나게 하실 것이라 네가 네 하나님 여호와의 말씀을 청종하면 이 모든 복이 네게 임하며 네게 이르리니 성읍에서도 복을 받고 들에서도 복을 받을 것이며 네 몸의 자녀와 네 토지의 소산과 네 짐승의 새끼와 소와 양의 새끼가 복을 받을 것이며 네 광주리와 떡 반죽 그릇이 복을 받을 것이며 네가 들어와도 복을 받고 나가도 복을 받을 것이니라"(신명기 28:1~6)

설교 : 축복의 통로

사랑하는 ○○이의 생일을 진심으로 축하합니다.

오늘 본문은 유대인들이 자녀교육할 때 가장 많이 들려주고 암기시키며 가르치는 말씀입니다. 하나님의 말씀을 듣고 지켜 행하면 그가 어디로 가든지 복을 받고 형통하게 된다는 말씀입니다.

하나님은 사람에게 복을 주실 때에 "통하여의 축복"을 주십니다. 하나님이 아브라함을 통하여 많은 민족이 복을 얻게 하신 것처럼, 지금도 하나님은 하나님의 사람을 통하여 많은 사람에게 하나님의 살아계심을 나타내시고자 하십니다.

하나님이 사랑 하시고 쓰시는 사람은 하나님의 말씀에 순종하는 사람입니다. 순종하는 사람에게는 수많은 복을 약속하고 계시지만 불순종하는 사람에게는 저주가 내린다는 말씀으로 가득한 것이 신명기 28장의 말씀입니다.

사랑하는 ◯◯이가 하나님의 복을 받으려면 어릴 때부터 하나님의 말씀 앞에 순종하는 법을 몸에 베이게 해야 합니다. 사탄마귀는 하나님이 보이지도 않는데 무슨 하나님 말에 순종하느냐고 하면서 사람들을 불순종과 불신앙 속으로 이끌고 가지만, 하나님의 성령은 우리로 하여금 순종과 말씀 준행이 있는 곳으로 이끌고 가십니다.

사람은 복이 있어야 합니다. 특별히 앞길이 구만리 같은 어린 자녀들에게는 그의 인생길에 복이 있어야 합니다. 내가 아무리 노력해도 하나님이 복을 주시지 않으면 사람의 노력은 다 허사가 되고 맙니다.

그러므로 우리들은 복 있는 하나님의 자녀가 되어야 합니다. 복은 주시는 분이 주셔야 받는 것입니다. 복을 가지고 계시며 복을 주장 하시며 복을 주시는 분이 계십니다. 그분이 바로 우리 하나님이십니다.

시편 1편의 말씀처럼 복있는 자는 악인의 꾀를 쫓지 않고 죄인의 길에 서지 않고 오만한 자의 자리에 앉지 않으며, 오직 여호와의 말씀을 즐거워 하며 그 말씀을 주야로 묵상하는 자라고 했습니다.

하나님의 말씀을 사랑하고 그 말씀을 즐거워 하며 말씀 그대로 준행하는 인생길을 살아갈 때 사랑하는 ◯◯이의 인생길은 하나님이 주장하실 것을 믿습니다.

형통의 복으로 함께 하시며, 축복의 통로가 되게 하시며, 머리가 될지언정 꼬리가 되지 않게 하시며, 가는 곳마다 하나님의 영광을 나타내는 하나님의 자녀가 되게하실 것을 믿습니다.

다같이 기도 하겠습니다.

기도

사랑이 많으신 하나님 아버지!

사랑하는 자녀 ○○이가 이 시간 생일을 맞이하여 하나님을 예배하면서 하나님의 축복을 전하는 축복의 통로가 되길 원합니다. 하나님의 손에 들려 쓰임받는 하나님의 자녀로 자라나길 원합니다.

그러기 위해서 항상 하나님 말씀에 귀기울이게 하시며 기도와 말씀을 가까이 하는 능력을 주시어 그 말씀에 순종하는 ○○이가 되게하여 주시옵소서!

세상의 허탄한 생각으로부터 지켜 주시고 바른 것을 생각하며 하나님을 바라볼 수 있게 하여 주시옵소서! 하나님 말씀안에서 기쁨과 만족을 찾고 하나님을 의지하며 섬길 줄 아는 복된 인생을 살 수 있도록 역사하여 주시옵소서!

학년이 올라갈 때마다 만남의 복으로 축복해 주시어서 하나님이 예비하신 친구들과 인생을 배울 수 있는 훌륭한 선생님을 만나게 하여 주시옵시고, 이 모든 일에 앞서 행하시는 하나님께서 사랑하는 ○○이의 모든 인생길에 앞서 행하심으로 하나님 예비하신 것으로 기뻐하며 하나님께 영광과 찬양을 돌리게 하여 주시옵소서!

때마다 일마다 함께 하심으로 평강주시고 지혜와 명철을 더 하시고 육신의 건강으로 붙들어 주시기를 간절히 원하오며 예수님 이름으로 기도 했습니다. 아멘!

폐회 : 주기도문

18 자녀의 생일날 드리는 예배(3)

말씀 : "내 아들아 나의 법을 잊어버리지 말고 네 마음으로 나의 명령을 지키라 그리하면 그것이 네가 장수하여 많은 해를 누리게 하며 평강을 더하게 하리라 인자와 진리가 네게서 떠나지 말게 하고 그것을 네 목에 매며 네 마음판에 새기라 그리하면 네가 하나님과 사람 앞에서 은총과 귀중히 여김을 받으리라 너는 마음을 다하여 여호와를 신뢰하고 네 명철을 의지하지 말라 너는 범사에 그를 인정하라 그리하면 네 길을 지도하시리라"(잠언 3:1~6)

설교 : 하나님과 사람 앞에

사랑하는 ○○이의 생일을 주님의 이름으로 축하하고 축복합니다. 하나님께서 ○○이를 엄마 아빠를 통해 이 세상에 보내신 것은 오는 세대에 하나님의 영광과 기쁨을 삼고자 함이십니다.

○○이가 기억해야 할 것은 ○○이는 육신의 엄마 아빠의 자녀이기 전에 하나님 아버지의 자녀됨을 한시도 잊어서는 안된다고 하는 사실입니다.

육신의 부모님은 자녀를 돌보고 지켜 주시는 데에 한계가 있지만 우리 영의 아버지인 하나님께서는 ○○이가 어디로 가든지 지키시며 앞길을 인도해 주시는 아버지가 되십니다.

그러므로 ○○이는 어려서부터 에녹처럼 하나님과 동행하는 방법을 알아야 하겠습니다. 하나님 아버지를 늘 곁에 모시며 하나님의 마음을 헤아리며 하나님을 기쁘게 해드릴 때에 하나님 아버지의 축복이 가득히 임하게 됨을 믿습니다.

오늘 주신 말씀과 같이 하나님의 말씀을 마음판에 새기며 그 명령을 지키고 살아갈 때에 하나님은 ○○이를 사람과 하나님 앞에서 은총과 귀중히 여김을 받게하실 것입니다.

사람은 이 세상을 살아갈 때 사람으로부터 사랑받고 귀중히 여김을 받아야 하겠지만 무엇보다 하나님의 은총과 존귀를 받아야 합니다.

하나님은 낮은 자를 높이시는 하나님이시고 비천한 자를 들어 존귀한 자리에 앉히시는 하나님이십니다.

마치 사람들 눈에 하나님이 없는 것 같고 하나님의 손길은 찾을 수 없는 것 같이 느껴지는 것은 하나님이 숨어 계시는 하나님이시기 때문입니다.

그래서 오늘 본문에 너는 범사에 그를 인정하라고 말씀하고 있는 것입니다. 하나님은 언제 어느 자리에서든지 불꽃같은 눈으로 우리의 인생들을 내려보시는 하나님이십니다.

그러나 하나님을 인정하는 일은 믿음이 있고서야 할 수 있는 일입니다. 그래서 하나님은 믿음을 기뻐하십니다. 하나님을 인정하는 것은 이 모든 일을 주장 하시고 이끌고 계시며 이루어가시는 분이 하나님이라는 것입니다.

마치 이 모든 일들이 사람이 하는 일 같고 사람이 이루는 것 같지만 그 모든 배후에는 하나님의 역사하심이 있습니다.

하나님을 불신하고 자신의 지혜와 명철을 의지하고 사는 사람은 결국 패망하지만, 하나님의 살아 계심과 그분의 돌보심을 믿는 하나님의 자녀가 될 때 우리 ○○이의 앞길은 하나님이 인도하실 것을 믿습니다.

다같이 기도 하겠습니다.

기도

사랑이 많으신 하나님 아버지!

오늘 이렇게 ○○이의 생일을 맞아 온가족이 모여 감사의 예배를 드리게 하시니 감사합니다. ○○이가 세상에 태어남은 하나님의 기쁨을 삼으시기 위함인 것을 믿습니다. 하나님께서 뜻하시는 바가 계시며 그 뜻을 이루시기 위해 이 땅에 보내신 것으로 믿습니다.

○○이가 자라면서 세상을 사랑하지 않고 하나님을 사랑하며 세상의 만족만을 추구하는 ○○이가 아니라 하나님으로 만족해하며 살 수 있는 믿음의 ○○가 되게 하시기를 기도합니다. 늘 하나님의 뜻을 따라 살아가는 아이가 될 수 있도록 도와 주시며 능력을 부어 주시옵소서.

사람을 세우기도 하시고 폐하기도 하시며 낮추기도 하시며 높이시기도 하시는 하나님께서 사랑하는 ○○이가 하나님 앞에 겸손히 행하고, 자신의 지혜를 의지하지 아니하고 오직 주님의 말씀을 준행하고 살아갈 때 하나님이 주시는 존귀함이 머리에 가득하게 하시고, 어딜 가든지 하나님의 자녀로서 부끄러움 없는 자랑스런 ○○이가 되게 하시기를 기도합니다. 늘 말씀과 기도로 살아갈 수 있는 주님의 자녀가 될 수 있도록 하여 주시옵소서.

이 다음 세대에 하나님의 큰 기쁨과 영광을 나타내는 자녀로 삼아 주시기를 간절히 원하오며 우리 주님 예수 그리스도의 이름으로 기도합니다. 아멘!

폐회 : 주기도문

19 남편(아빠)의 생일날 드리는 예배

말씀 : "너희가 아들인고로 하나님이 그 아들의 영을 우리 마음 가운데 보내사 아바 아버지라 부르게 하셨느니라"(갈라디아서 4:6)

설교 : 무한 책임

오늘 이렇게 한 아내의 남편이요 아이들의 아버지가 된 우리집안 가장의 생신을 맞아 우리 온 가족이 둘러앉아 하나님 앞에 예배드림으로 이 기쁨을 나누게 하시니 감사를 드립니다.

하나님은 우리를 지으시고 당신을 가리켜서 하나님 아버지라고 부르게 하셨습니다. 우리 앞에 계시는 아빠의 원조는 하나님 아빠입니다. '아바 아버지' 라는 말이 '파텔' 이라는 말인데 이 말은 우리말로 아이가 아버지를 부르는 '아빠' 라고 하는 말입니다.

우리의 가정을 이끌고 나아가는 아버지의 마음속에는 바로 아버지의 원조이신 하나님 아버지께서 심어 놓으신 아빠의 마음이 있습니다.

그것은 가정을 돌보고 지키며 책임져야 하는 무한책임의 마음입니다. 하나님이 당신의 자녀들의 인생길을 오늘도 인도하시는 것처럼, 우리 육신의 아버지들은 밖에서 힘들게 일하고 수고하며 가정을 일구어 나가기 위해 온 노력을 기울입니다.

아이들의 아버지이면서 아내의 남편이 된 우리의 아버지는 집에 있는 사랑하는 아내와 자녀들로 인하여서 큰 기쁨을 얻게 됩니다.

그 마음은 마치 하나님 아버지께 스바냐 3:16에서 말씀하고 있는 것처럼 "내가 너로 인하여 기쁨을 이기지 못하시며 너를 잠잠히 사랑하시며 즐거이 부르며 기뻐하시리라" 하셨던 그 마음과 동일한 마음이 됩니다.

집에 들어서면서 '오늘도 수고 하셨어요! 아빠!' 하고 반기는 자녀들과 아내의 말 한마디에 봄 눈 녹듯이 밖에서 쌓였던 피로와 스트레스를 풀게 됩니다.

육신의 아빠의 사랑을 통해 자녀들은 하나님 아버지의 사랑을 깨닫게 되는 것이 하나님의 뜻입니다. 마찬가지로 신랑되신 예수님께서 영적인 아내인 성도를 위해 십자가에서 죽으신 것으로 남편이 어떻게 아내를 사랑해야 하는지를 말씀하고 있는 것이 또한 성경입니다.

아버지사랑과 아내사랑은 결국 하나님의 사랑을 깨닫게 하시고자 하는 하나님의 섭리였습니다.

그럼으로 자녀와 아내는 하나님과 예수님을 섬기는 마음으로 아버지와 남편을 사랑하고 섬겨야 할 것입니다.

오늘 아빠면서 남편이 된 ○○○성도의 생일을 맞이해서 아내와 자녀는 남편과 아버지를 향해서 마음에서 우러나오는 사랑하고 존경한다는 말을 꼭 해 드리기 바랍니다.

다같이 기도 하겠습니다.

기도

사랑이 많으신 하나님 아버지!

오늘 이렇게 사랑하는 아버지의 생일을 맞이해서 하나님 앞에 예배하게 하시니 감사합니다.

우리에게 남편과 아버지를 주신 하나님!

우리집의 가장이신 우리 아버지와 남편이 힘들고 어려운 일이 있을 때에 우리 주님이 위로 하시고 새 힘 주시기를 기도합니다. 주님 주시는 능력으로 극복할 수 있도록 힘을 더하여 주시옵소서.

몸은 밖에 있어도 마음은 늘 가정에 있는 우리 아버지가 걱정하지 않도록 우리가 맡은 일에 더욱 성실히 임하게 하시고, 특별히 우리 아버지께서 하는 일에도 하나님께서 복을 주시어서 그 일이 아름다운 열매와 결실로 나타나게 하시며 하나님의 큰 도움을 입는 역사를 이루어 주시기를 기도합니다. 그리하여 주시는 사명을 잘 감당하고 그 은혜로 인하여 세상에 베풀면서 주님의 뜻을 나타낼 수 있는 아버지가 될 수 있도록 도와 주시옵소서.

또한 우리 아버지께서 영육간에 강건하여 짐으로 하나님 앞에 믿음이 연약해지지 않게 하시고, 육신의 건강 또한 지켜 주심으로 언제나 건강한 몸으로 주님께서 허락하신 일들을 잘 감당할 수 있도록 은혜 주실 줄을 믿습니다. 꼭 필요한 곳에서 주님의 사랑과 영광을 잘 나타낼 수 있는 아버지가 될 것으로 믿습니다.

언제나 우리 가정에 복을 주시는 하나님께서 우리집의 가장이 되신 우리 아버지에게 오늘 생일을 맞이해서 크신 은혜를 주실 것을 믿사오며 예수님의 이름으로 기도합니다. 아멘!

폐회 : 주기도문

20 아내(엄마)의 생일날 드리는 예배

> 말씀 : "이는 네 속에 거짓이 없는 믿음을 생각함이라 이 믿음은 먼저 네 외조모 로이스와 네 어머니 유니게 속에 있더니 네 속에도 있는 줄을 확신하노라"(디모데 후서 1:5)

설교 : 무한 사랑

오늘 우리 가정에서 한 남편의 아내요 아이들의 엄마인 ○○○ 성도(집사, 권사)님의 생일을 맞아 이렇게 하나님께 감사의 예배를 드릴 수 있도록 은혜 베푸신 하나님께 감사를 드립니다.

한 집안을 돌보는 우리 엄마의 사랑은 하나님의 사랑이라고 하는 아가페사랑에 가장 가까운 사랑이라고 할 수 있습니다. 자녀와 남편을 향한 무조건적인 헌신과 희생의 마음은 그 무엇과도 비할 수 없는 것임을 우리는 알고 있습니다.

우리 가정을 향한 아빠의 마음이 무한 책임이라면 가정을 향한 엄마의 마음은 무한 사랑입니다. 하나님은 우리 가정에 엄마와 아내를 주심으로 온 가족이 저녁이면 돌아와 쉴수 있는 안식을 주시고 그것으로 또한 천국을 맛보게 하셨습니다.

가정에서 아내와 엄마의 자리와 그 역할의 중요성은 굳이 말로 할 필요가 없습니다. 특별히 오늘은 신앙의 전통을 만들고 그 유산을 자녀들에게 물려주는 엄마의 역할을 말씀 드리려고 합니다.

오늘 본문에 기록된 사도바울의 제자인 디모데가 훌륭한 믿음을 전수 받았는데 그 믿음이 그의 외조모인 로이스와 어머니인 유니게로부터 말미암았다는 말씀을 하고 있습니다.

거짓이 없는 진실한 디모데의 믿음이 하나님 앞에 인정받는 믿음이 되었는데 그 믿음의 출처가 바로 어머니와 외할머니로부터 말미암았다는 것입니다.

지혜로운 어머니는 눈에 보이는 유산을 물려주는 것보다 눈에 보이지는 않는 무형의 유산인 믿음과 신앙을 물려주려 할 것입니다. 고기를 잡아주는 것이 아니라 고기잡는 방법을 가르치는 것과도 같습니다.

하나님 말씀을 의지하는 것, 그리고 문제를 만났을 때 하나님을 의지하고 섬기는 모습, 그리고 간절히 기도하는 어머니의 기도소리가 곧 자녀에게는 최고의 유산으로 남는 것이 됩니다.

사람은 본대로 따라하기 때문입니다. 기도한 어머니 한나 밑에는 기도의 자녀 사무엘이 있었으며, 믿음의 어머니 유니게 밑에는 믿음의 아들인 오늘의 디모데가 있었기 때문입니다.

우리의 어머니는 오늘도 자녀와 남편을 위해서, 우리 가족의 화목과 건강을 위해 하나님께 기도하는 어머니인 것을 믿습니다.

우리들도 어머니께 효도하는 것으로 하나님의 복을 받고 무엇보다 오늘 어머니의 생신을 맞아 어머니의 건강과 마음의 평강을 위해 기도하는 자녀들이 되어야 하겠습니다.

다같이 기도하겠습니다.

기도

사랑이 많으신 하나님 아버지!

오늘 이렇게 우리 어머니이면서 아버지의 아내인 ○○○성도 (집사, 권사)님의 생신을 맞아 우리 모든 식구들이 모여 기도하며 찬송하며 하나님을 예배하게 하시니 감사합니다. 이 시간 함께 하여 주시옵소서.

어머니의 생신을 축하하면서 이 시간 우리가 기도하는 어머니의 모습을 본받기를 원합니다. 말씀을 가까이 하는 어머니의 신앙을 이어 받기를 원합니다. 대를 이어서 그 신앙이 이어지고 믿음의 가정이 될 수 있도록 역사하여 주시옵소서. 대대손손 우리 집안의 믿음의 전통이 이어지기를 소망합니다. 하나님을 의지하는 가정은 하나님이 책임지심으로 이 모든 일에 하나님의 지키심과 인도하심이 함께 하실 줄을 믿습니다. 그리하여 이 가정이 하나님의 은혜 속에 영원한 믿음의 가정이 될 수 있도록 복에 복을 더하여 주시옵소서.

엄마와 아버지와의 금슬이 더욱 돈독해지게 하시고 믿음과 실천에서 자녀들에게 모범이 되시며 모든 부분에서 자녀들 앞에 든든히 서 계시는 우리의 부모님이 되게하여 주시옵소서! 넘치는 사랑을 받고 우리들은 더욱 더 사랑의 띠로 하나가 되게하여 주시옵소서.

특별히 우리 사랑하는 어머니의 생일을 맞아 어머니 마음의 평강을 더하여 주시고, 육신의 건강을 붙들어 주심으로 주님이 맡겨 주신 사명 감당하는 데에 어려움 없도록 인도하여 주시옵소서!

오늘 어머니를 축복하는 가족들의 축복이 모두 임하게 하시며 추억에 남고, 즐겁고, 행복한 오늘 엄마의 생일날이 되게하여 주시옵소서!

예수님의 이름으로 기도합니다. 아멘!

폐회 : 주기도문

㉑ 조부모님의 생신날 드리는 예배

말씀 : "여호와를 경외하며 그 도에 행하는 자마다 복이 있도다 네가 네 손이 수고
한대로 먹을 것이라 네가 복되고 형통하리로다 네 집 내실에 있는 네 아내는 결실
한 포도나무 같으며 네 상에 둘린 자식은 어린 감람나무 같으리로다 여호와를 경
외하는 자는 이같이 복을 얻으리로다 여호와께서 시온에서 네게 복을 주실찌어다
너는 평생에 예루살렘의 복을 보며 네 자식의 자식을 볼찌어다 이스라엘에게 평
강이 있을찌로다"(시편 128:1~6)

설교 : 여호와를 경외하는 자의 복

오늘 이렇게 할아버지(할머니)의 생신을 맞이해서 우리 모든
식구들이 한 자리에 앉아 하나님을 예배할 수 있도록 은혜 베풀어
주신 하나님께 감사를 드립니다.

우리 가정의 어른이신 할아버지(할머니)로 인하여서 슬하에 후
손을 번창케 하심으로 우리 모든 가족을 이루게 하신 분이 우리
하나님이신 것을 믿습니다.

오늘 본문의 말씀은 여호와를 경외하는 자는 그가 하는 일이 형
통하며 자녀가 잘되는 복을 얻을 것이라고 하십니다.

우리 자손이 잘 되는 것은 우리 조상이 하나님을 잘 섬기고 그
말씀을 순종하는 삶을 살았기 때문인 것을 믿습니다. 하나님을 잘

섬기는 가정은 수 천대에 걸쳐 하나님이 복을 주신다고 하셨기 때문입니다.

또한 하나님께서 십계명을 통하여 사람에게 주신 제 일계명은 "네 부모를 공경하라 이것이 약속 있는 첫계명이니 네가 땅에서 잘되고 장수하리라!"는 명령을 주셨음을 기억합니다. 후손인 우리가 땅에서 잘되는 길은 우리의 부모님께 효도하는 길인 것을 또한 믿습니다.

백발은 영화의 면류관이라 의로운 길에서 얻으리라 하셨습니다. 주님을 믿음으로 의롭게 된 할아버지 할머니에게 영화의 면류관을 주시고, 언제나 자녀들 앞에 영광스런 삶이 계속 되도록 우리 모두는 기도해야 할 것입니다.

모세는 그가 죽기까지 그 기력이 쇠하지 아니하고 그 눈이 흐리지 아니하였다 했습니다. 항상 강건하게 하시고 기력이 쇠하여지지 않도록 주의 성령이 강한 팔로 붙들어 주시옵소서.

부모님의 마음은 항상 자녀들을 향해 있습니다. 자녀들이 잘 되는 것이 곧 우리 부모님들의 마음인 것을 믿습니다. 야곱이 나이 많아 자녀들에게 한 축복이 그대로 임한 것과 같이, 우리 후손들을 향한 할아버지(할머니)의 기도가 응답받게 하시며 야곱의 후손을 통하여 하나님의 백성 이스라엘을 삼으신 것과 같이, 우리 할아버지(할머니)의 후손들인 우리들로 인하여서 이 시대의 하나님 백성을 삼아 주시고 우리 모든 후손들이 하나님의 복을 받을 수 있게 하시기를 소망합니다.

평생 살아오신 길위에 하나님께서 은혜를 주심같이 오늘 생신을 맞은 할아버지(할머니)께 육신의 건강을 더하여 주시고, 남은 평생에 화목한 가정을 이루는 자녀들을 보게 하시기를 우리 모든 자녀들이 마음을 모아 소망합니다.
다 같이 기도 하겠습니다.

기도

사랑이 많으신 하나님 아버지!

오늘 이렇게 기쁜 할아버지(할머니)의 생신을 맞이해서 우리 모든 자녀들이 모였습니다.

하나님의 영광과 하나님의 살아 계심이 오늘 생신을 맞은 할아버지(할머니)에게 또한 우리 가정과 후손을 통하여 나타나길 기도합니다.

우리 모든 후손들은 하나님을 섬기듯 지극정성으로 부모님을 봉양하게 하시고 그것이 자녀들인 저들에게 복이 되게하여 주옵소서!

평생에 살아오신 길을 높이게 하시고, 그 뜻을 받들게 하시며 신앙의 유산을 이을 수 있도록 은혜 베풀어 주시기를 간절히 기도합니다.

할아버지(할머니) 슬하의 모든 자녀 형제간에 우애 있게 하시고 어려울 때 같이 기도하게 하시고 서로 힘이되고 서로 위로하게 하시며 온 가족의 마음을 하나되게 하시고 흩어지지 않게 하여 주시옵소서!

할아버지(할머니)의 가르침이 후손들로 인하여서 지혜와 경륜의 빛이 되게 하시고, 후대에 더욱 존경받는 이름이 우리 할아버지(할머니)의 이름이 되게하여 주시옵소서!

하나님의 영이 사랑하는 할아버지(할머니)와 슬하에 후손대대로 함께 하여 주옵시기를 간절히 원하오며 우리 주 예수 그리스도의 이름으로 기도합니다! 아멘.

폐회 : 주기도문

여행지(휴가지)에서 가족과 함께 드리는예배

말씀 : "주께서 물의 경계를 정하여 넘치지 못하게 하시며 다시 돌아와 땅을 덮지 못하게 하셨나이다 여호와께서 샘으로 골짜기에서 솟아나게 하시고 산 사이에 흐르게 하사 들의 각 짐승에게 마시우시니 들 나귀들도 해갈하며 공중의 새들이 그 가에서 깃들이며 나무가지 사이에서 소리를 발하는도다 저가 그 누각에서 산에 물을 주시니 주의 행사의 결과가 땅에 풍족하도다" (시편 104:9~13)

설교 : 쉼과 안식

오늘 이렇게 온가족이 여행지에 와서 먼저 하나님께 예배드리는 것을 통해 휴가를 보낼 수 있도록 도우신 하나님께 감사를 드립니다.

다람쥐 쳇바퀴 돌아가듯 정신 없는 일상을 보내다가 휴가지에 와서 몸과 마음을 쉬고 재충전의 기회로 삼게하신 것이 하나님의 은혜인 줄을 믿습니다.

오늘 주님말씀 처럼 바다의 경계를 정하시고 샘으로 골짜기에서 솟아나게 하신 분은 세상을 창조하신 우리 하나님이십니다.

대자연의 울창한 숲과 바위 그리고 저 넓은 바다의 위용을 보며 우리는 하나님의 솜씨를 보고 탄복 합니다. 창세로부터 그의 보이지 아니하는 것들 곧 그의 영원하신 능력과 신성이 그 만드신 만물에 분명히 보여 알게 된다고 말씀 했습니다.

우리는 하나님이 창조하신 이 자연을 그냥 지나쳐서 보면 안되고 이 대자연을 돌보고 계시는 하나님의 긍휼과 손길을 볼 수 있어야 합니다.

하나님 지으신 자연속에서 쉼을 얻고 안식을 얻으며 동시에 하나님의 능력과 솜씨를 느낄 수 있어야 합니다.

하나님께서 골짜기 저 높은 샘에서 물이 솟아 흐르게 하심으로 들짐승들이 해갈하게 되며, 그 흐르는 물가에 푸른 나무들이 가득하며 그 안에 또한 산새들이 노래하며 즐거이 소리를 발할 때에, 그것을 바라보시는 하나님은 창세기의 말씀처럼 세상을 창조 하시고 "보시기에 좋았더라!" 와 같은 마음이신 것을 알게 됩니다.

하나님은 당신의 피조물들이 안식하고 쉼을 얻으며 새 힘을 얻기를 원하시는 분이십니다.

오늘 말씀 마지막에 "주님의 행사의 결과가 땅에 풍족하도다!" 고 말씀하심 같이 우리 가족 모두에게 부요한 마음의 풍성한 은혜를 주시고자 하시는 분이 우리 하나님이십니다. 하나님의 은혜가 우리 가족들 마음에 가득하게 하시며 이번 휴가를 통하여 우리 가족이 더욱 마음에서 하나가 되며 단합하는 계기가 되기를 바랍니다.

삭막한 콘크리트 도시를 사람이 지었다면 이 맑은 공기와 상쾌한 바람으로 가득한 자연은 하나님의 솜씨입니다. 우리가 하나님께 지음 받았음으로 우리는 자연속에 있을 때에 참 쉼을 얻게되는 것을 알게 됩니다.

쌓였던 모든 앙금과 스트레스를 털어내고, 가족간에 오랜 추억이 되는 휴가기간이 되게 하시기를 소망합니다.

우리 가족의 휴가기간 동안 하나님이 우리 가족과 동행 하시고 찾아오심으로, 참으로 이번 휴가를 통하여 더욱 하나님의 큰 은혜를 체험하는 계기로 주님께서 삼아주실 것을 믿으며 다 같이 기도하겠습니다.

기도

은혜로우신 하나님 아버지!

이렇게 좋은 날 우리 가족이 이와같은 좋은 자연속으로 휴가를 떠나오게 하시니 감사합니다. 답답한 도시를 떠나고 일상을 떠나서 우리의 몸과 영혼이 다시금 재충전되는 시간으로 삼기를 원하옵나이다.

우리의 몸과 마음이 참으로 쉼을 얻는 시간되게 하시며 아울러 주님의 지으신 자연을 바라보며 하나님의 손길과 돌보시는 은혜도 깨달아 알 수 있도록 은혜를 베풀어 주시기를 기도합니다.

그리고 하나님의 돌보심이 자연계에만 있는 것이 아니라 하나님의 자녀들인 우리들에게도 세심하신 간섭으로 항상 돌보아 주고 계신다는 것을 또한 믿을 수 있도록 역사해 주시기를 기도합니다.

휴가기간 동안 주님께서 우리 가족과 항상 함께 하심으로 추억에 남는 시간으로 함께 하시고 모든 일정 위에 함께 하심으로 안전하고 즐거운 시간들이 될 수 있도록 자비하신 주님의 손길이 인도해 주실 것을 믿습니다.

집으로 다시 돌아가는 그 순간까지 모든 여행시간에 우리 가족과 함께 하심을 믿사오며 우리에게 이와같이 좋은 휴가의 시간을 허락하신 우리 주님 예수 그리스도의 이름으로 기도합니다. 아멘!

폐회 : 주기도문

4.
절기중에 드리는 예배

개회 : 사도신경
찬송 : 161. 할렐루야 우리 예수 [(구)159장]

23 부활절날 드리는예배

말씀 : "예수께서 가라사대 나는 부활이요 생명이니 나를 믿는 자는 죽어도 살겠고 무릇 살아서 나를 믿는 자는 영원히 죽지 아니하리니 이것을 네가 믿느냐"(요한복음 11:25)

설교 : 부활의 주님

오늘 이렇게 부활주일을 맞이해서 우리 가족이 하나님 앞에 가정예배를 드리게 하시니 감사합니다. 우리 기독교는 부활의 종교입니다. 부활은 영의 부활을 말하는 것이 아니라 육신의 부활을 말하는 것입니다.

사람은 죽어 흙속에서 썩어 없어지는 것이 아니라 예수님이 다시 오실 때에 악인은 심판의 부활로, 의인은 영생의 부활로 다시 일어난다고 성경은 말씀하고 있습니다.

부활이 있음으로 우리의 육신은 이 땅에서의 삶이 전부가 아니라 하나님 나라의 가족으로 영원히 천국에서 살 수 있게 됨을 믿습니다. 부활의 특권은 오직 예수믿는 자에게만 하나님이 주시는 가장 커다란 영광입니다.

오늘 주님이 말씀하시는 것처럼 나를 믿는 자는 죽어도 살겠고 살아서 나를 믿는 자는 영원히 죽지 않는다고 말씀하셨기 때문입니다.

사도바울을 통하여 주신 말씀에도 만일 우리에게 부활이 없다면 우리는 가장 불쌍한 자가 될 것이라고 했습니다. 그러나 주님의 말씀처럼 우리에게 부활의 소망이 있음으로 우리는 세상에서 가장 영광스런 사람들이 되는 것입니다.

또한 오늘 부활절을 맞아서 특별히 우리 가정에도 부활의 영광이 나타나기를 소망합니다. 죽은 가정경제가 살아나게 하시고, 죽은 소망이 산 소망으로 살게 하시고, 우리의 미래가 부활의 영광으로 가득하기를 소망합니다.

우리 가정에 잃었던 비전이 다시살고 자녀들의 지혜가 다시 살아나고 병든 육신이 다시 일어서는 부활의 은혜가 있기를 소망합니다.

그런데 우리가 알아야 하는 것은 온전한 죽어짐이 없이는 부활은 없다는 것입니다. 십자가의 고난을 이겨내고 부활의 영광을 얻으신 주님과 같이, 우리도 우리 삶에 임한 모든 어려움을 이겨내고 승리의 영광을 맛보는 날이 이르기를 소망합니다.

주님이 사망권세 이기셨듯이 주님을 믿는 성도들도 이기게 하심을 믿습니다. 나를 믿는 자는 죽어도 살 것이라고 했으니까요.

특별히 부활절을 맞이해서 우리가 가정예배를 드리면서 우리에게 이김을 주시는 하나님을 찬양하는 이 시간이 되기를 바랍니다. 절망 앞에서 죽음 앞에서 두려워하며 꼼짝 못하던 우리들이 주님 의 도움으로 이 모든 상황을 희망과 영광으로 다시 부활하게 되는 역사가 있기를 소망합니다.

다 같이 기도 하겠습니다.

기도

사랑이 많으신 하나님 아버지!

우리에게 부활의 기쁨과 영광을 주신 은혜를 감사드립니다. 주 님의 부활이 아니었으면 우리는 다 죽음 앞에 절망할 수 밖에 없 는 사람들이었지만 사망권세 이기신 주님의 부활로 우리 모두가 영생의 소망을 갖게 하심을 진실로 감사드립니다.

부활의 첫 열매이신 주님!

그러나 우리가 부활의 영광을 맛보기까지 십자가의 고난과 피 흘림이 있었다는 것 또한 기억해야 함을 믿습니다.

주님과 같이 부활의 영광을 얻기 위하여 고통스런 현실을 이겨 내는 능력이 우리 가족 모두에게 허락하여 주시기를 간절히 기도 합니다.

우리 가족 모두 각자가 맡은 자리에서 극복해야 할 문제가 있습 니다. 넘어서고 딛고 일어서야 할 어려움이 있습니다. 부활하셔서 지금 보혜사 성령으로 함께 하신 주님께서 우리의 능력이 되어 주시기를 기도합니다.

부활의 영광을 보기까지 예수님 처럼 끝까지 참고 인내하며 믿음으로 하나님의 역사를 기다리는 우리 가족 모두가 되게하여 주시옵시기를 간절히 원하오며 우리에게 부활의 기쁨을 주신 우리 주님 예수 그리스도의 이름으로 기도합니다. 아멘!

폐회 : 주기도문

24 추수감사절날 드리는예배

말씀 : "범사에 감사하라 이것이 그리스도 예수 안에서 너희를 향하신 하나님의 뜻이니라"(데살로니가전서 5:18)

설교 : 범사에 감사

오늘 이렇게 추수감사주일을 맞이해서 하나님 앞에 가정예배로 영광돌리게 하시니 감사합니다. 지난 한해 동안 하나님께서 우리 가정에 베풀어 주신 은혜가 크고 놀라운 은혜였음을 고백합니다.

가을이 되면 들에는 오곡백과가 무르익고 주님이 내리신 풍요로운 곡식들로 가득한 이 때에 한해 동안 우리 가정에 하나님이 허락하신 감사의 제목들을 생각하기 원합니다.

하나님은 우리 가족 모두의 건강을 지켜 주셨으며 삶의 보금자리와 일터에 항상 함께 하시고 우리가 한 수고에 열매와 결실을 주신 하나님이신 것을 믿습니다.

농부가 부지런히 일을 하지만 하나님이 비를 주시고 해를 주시고 적당한 기후를 주셨으므로 우리 앞에 풍요로운 삶이 이루어졌음을 고백합니다.

하나님께서 지으신 모든 것이 선하매 감사함으로 받으면 버릴 것이 없나니 하나님의 말씀과 기도로 거룩하여짐이라 하셨습니다. 때로는 우리 가정에 감사할 만한 조건이 없었다 해서 감사를 잃어 버린다면 우리는 하나님의 자녀라고 할 수 없을 것입니다.

세상 사람의 감사는 조건적인 감사이고 환경에 따라 변하는 감사이지만, 예수믿는 성도의 감사는 조건적인 감사가 아니라 무조건적인 감사를 말합니다. 항상 기뻐하라 쉬지말고 기도하라 범사에 감사하라 하셨기 때문입니다. 오늘 말씀처럼 하나님은 범사에 감사하는 사람에게 복을 주시는 하나님이십니다.

아무리 힘들고 어려운 상황이라 할지라도 우리가 하나님 앞에 그 가운데에서도 불평하지 아니하고 감사의 조건을 찾아 감사를 드리고 산다면, 하나님께서는 이 모든 조건을 돌이키심으로 전화위복의 복을 주시는 하나님이신 것을 믿습니다

오늘 우리가 이렇게 교회의 오랜절기와 전통으로 지키고 있는 추수감사절의 기원이 바로 이와같은 배경에서 생긴 것을 우리가 기억하기 원합니다.

신앙의 자유를 찾아 메이플라우워호를 타고 미국으로 떠났던 청교도들은 그들의 척박한 환경에서도 불구하고 불평이나 원망하지 아니하고, 오직 감사로 하나님 앞에 예배드린 것이 추수감사절의 기원인 것을 알게 됩니다.

우리의 믿음의 선조들인 청교도들의 신앙유산을 잘 이어 받아

오늘날의 우리 가정 모든 식구들도 오직 감사로 하나님 앞에 영광 돌리기를 원합니다.

오직 감사로 하나님께 영광 돌릴 때 이 모든 우리의 삶을 책임 지시고 크신 은혜로 함께 하실 것을 믿습니다.

다 같이 기도합니다!

기도

자비로우신 하나님 아버지!

오늘 이렇게 추수감사 주일을 맞이해서 우리 가족이 주님을 예배하기 위해 모였습니다. 지난 한 해 동안 돌보아 주시고, 인도해 주시고, 지켜 주시며, 은혜 베풀어 주신 하나님의 은혜에 무한 감사를 드립니다.

우리의 삶에 임한 모든 좋은 것들은 위로부터 빛들의 아버지에게서 내려온 하나님의 선물인 것을 믿습니다. 하나님이 결실하게 하시고 열매맺게 하신 하나님의 작품인 것을 믿습니다. 감사의 마음을 가질 수 있도록 하여 주시옵소서. 그 감사함 속에 온전히 또한 주님께 드릴 수 있는 마음도 더하여 주시옵소서.

우리가 추수감사의 예배를 가정예배로 드리면서 모든 것이 부요 하시고 풍요로우신 우리 주님 앞에 우리의 마음과 입술로 맺어 드리는 감사의 열매를 드리기를 원하옵나이다. 아까워 하지 않고 온전히 드리기를 원하옵나이다.

이 모든 우리의 삶 가운데에 원망이나 불평이 사라지게 하시고 우리의 입술에서 무슨 말이 나오는지를 항상 지켜보시는 하나님 이신 것을 결코 잊지 않게 하여 주시옵소서! 늘 하나님을 생각하는 하루 하루가 될 수 있도록 하여 주시옵소서.

감사하는 성도가 복을 받고 모든 일에 하나님의 역사하심을 체험하게 하실 줄을 믿사오며 오늘도 우리 가정과 함께 하시는 우리 주님 예수 그리스도의 이름으로 기도합니다. 아멘!

폐회 : 주기도문

25 성탄절날 드리는예배

말씀 : "이는 한 아기가 우리에게 났고 한 아들을 우리에게 주신바 되었는데 그 어깨에는 정사를 메었고 그 이름은 기묘자라, 모사라, 전능하신 하나님이라, 영존하시는 아버지라, 평강의 왕이라 할 것임이라"(이사야 9:6)

설교 : 예수님의 겸손을 배웁시다!

오늘은 우리 주님이 사람의 몸을 입고 이 땅에 오신 성탄절입니다. 성탄절을 맞이해서 하나님 앞에 우리 가족이 드리는 가정예배를 하나님이 받아 주실 줄을 믿습니다.

인류역사에 있어서 가장 위대하고 놀랍고 엄청난 사건을 꼽으라면 그것은 하나님이 사람이 되신 '성육신' 사건입니다. 이 성탄절을 기점으로 해서 인류역사가 기원전과 기원후로 나뉘게 됩니다.

역사를 영어로 히스토리(history)라고 하는데 그 말은 곧 '그의 이야기' 라는 뜻입니다. 예수님의 오심은 구약시대에 걸쳐 오랜시간 동안 메시아가 오실 것이라는 예언의 성취로서 이루어진 사건이었습니다.

예수님은 왕으로서 이 땅에 오신 하나님이셨지만 너무도 초라하게 오셨습니다. 마리아와 요셉이 호적하러 베들레헴에 가는 난

리통에 말구유에서 태어나셨고 가난한 촌 동네 나사렛에서 자라나셨습니다.

너무도 겸손하셔서 왕이셨음에도 왕궁으로 오지 않으시고 가난한 목수의 집안에 오셨습니다. 그래서 시므온과 안나 선지자 그리고 목자들과 별을 보고 동방에서온 박사들 외에는 아무도 예수님을 하나님의 아들로 알아보지 못하였고 경배하지 못 했습니다.

이제 오늘날 우리에게도 동일하게 물어야 하는 것은 과연 초라한 말구유에 누워계신 아기 예수님을 바라보면서 정말 저분이 우리를 구원하러 이 땅에 오신 하나님의 아들이라는 신앙고백을 할 수 있느냐의 문제입니다.

예수님을 생각할 때 우리가 잊지 말아야 할 것은 예수님의 겸손과 낮아짐입니다. 예수님은 빌립보서의 말씀처럼 하나님의 본체이셨음에도 하나님과 동등됨을 취할 것으로 여기지 않으시고, 오히려 자기를 비워 사람의 모양으로 나타나셨고 죽기까지 복종하셨으니 곧 십자가에 죽으심이라고 말씀하셨습니다.

사람의 모양으로 자신을 낮추신 예수님의 겸손이 아니었다면 우리 모두는 결코 구원 받을 수 없었을 것입니다. 예수님은 우리를 사랑하심으로 십자가에 자신의 몸을 주시기 위해 이 땅에 오셨는데 그 사랑은 예수님의 겸손이 있었음으로 가능한 일이었습니다.

예수님을 섬기는 자는 예수님처럼 겸손을 배워야 합니다. 낮아

지신 예수님의 의미를 깨달을 수 있어야 합니다. 오늘 성탄절을 맞이해서 우리 가족 모두가 예수님의 겸손을 우리의 겸손으로 만드는 은혜가 있기를 소망합니다.

다같이 기도 하겠습니다.

기도

사랑이 많으신 하나님 아버지!

오늘 성탄절을 맞아 우리 가족이 이렇게 한자리에 둘러앉아 하나님을 예배하게 하시니 감사합니다. 예수님을 믿고 섬기는 우리 가족이 오늘 예수님의 오심을 맞이해서 예수님의 겸손을 배우기를 소망합니다.

교만한 우리가 예수님처럼 겸손히 자신을 낮추는 은혜가 있게 하시고, 스스로를 높이는 어리석음이 없도록 우리의 믿음을 인도하여 주시옵기를 간절히 기도합니다. 이 땅에 낮은 자로 오신 예수님의 겸손을 깨닫기 원합니다.

예수님의 말씀처럼 누구든지 높은 자가 되고자 하거든 너희가 먼저 섬기는 자가 되라고 말씀하신 그 말씀을 우리가 기억합니다. 그 말씀 따라 살아갈 수 있는 믿음을 주시옵소서. 실천할 수 있는 능력을 주시옵소서.

천국의 원리는 가장 많이 섬기고 가장 많이 스스로를 낮춘 자가 가장 높은 자리에 앉아 계심을 믿습니다. 그리고 그분이 바로 우리 주님이신 것을 믿습니다. 그 믿음 속에 우리들의 삶이 더욱 더 섬기며 봉사할 수 있는 삶이 되게하여 주시옵소서.

　우리가 죄악이 가득한 죄 많은 세상을 살아가지만 천국의 백성으로 이 땅을 살아갈 때 하나님이 세상을 다스리시는 원리와 법칙을 기억하게 하시고 하나님은 스스로를 낮추는 자를 높이신다는 천국의 원리를 잠시도 잊지 않게 하여 주시옵소서! 그 뜻을 헤아리며 살아가는 자들이 될 수 있도록 하여 주시옵소서.

　우리의 죄를 사하기 위해 자신을 낮추시고 사람의 몸을 입고 이 땅에 오신 우리 주님 예수 그리스도의 이름으로 기도합니다. 아멘!

폐회 : 주기도문

26 송구영신 가정예배

말씀 : "네 하나님 여호와께서 권고하시는 땅이라 세초부터 세말까지 네 하나님 여호와의 눈이 항상 그 위에 있느니라"(신명기 11:12)

설교 : 하나님의 눈

어느덧 일 년의 시간이 지나가고 새로운 해를 맞이하는 시간이 다가오고 있습니다. 특별히 오늘 온 가족이 모여서 가는 해를 돌아보며 오는 해를 기쁨으로 맞이하면서 하나님 앞에 이렇게 가정예배를 드리게 하시니 감사합니다.

세상의 사람들은 한해를 마무리하면서 산 위에서 또는 바다에서 새롭게 떠오르는 해를 바라보며 마음을 가다듬고 새로운 소망을 품지만, 우리는 산과 바다와 해를 지으신 하나님 앞에 소망을 품고 하나님의 도움을 구하는 사람들인 것을 믿습니다.

특별히 오늘 우리 가족 모두 새해에도 불꽃같은 눈으로 지켜 주시는 하나님의 지키심이 있기를 소망합니다. 하나님은 너를 지키시는 자라 낮의 해와 밤의 달이 너를 해치 못하리로다고 말씀하신 하나님의 말씀이 우리 가족 모두에게 임할 줄을 믿습니다.

전능하신 주님의 손길이 우리 가족들의 몸을 어루만지심으로 새해에도 강건한 육신으로 세워주시고, 우리의 마음과 믿음도 세상의 환경이나 문제로 인하여 낙심하는 일이 없도록 강건한 믿음으로 붙잡아 주시기를 소망합니다.

또한 우리 식구들이 하는 일 위에도 복을 주심으로 그 일들 위에 아름다운 열매와 결실이 있기를 소망합니다. 우리의 부모님들은 안에서 밖에서 부지런히 일함으로 그 손의 소득이 있게 하시며, 우리 가정의 자녀들은 지혜와 명철이 가득함으로 학업에 임할 때에 그 학업에 큰 진보가 나타나게 하시며, 목표한 바를 이루는 기쁨을 누릴 수 있도록 은혜를 주실 것을 믿습니다.

너희 안에 행하시는 이는 하나님이시니 자기의 기쁘신 뜻을 위하여 너희로 소원을 두고 행하게 하신다고 하셨습니다. 하나님은 우리 마음에 소원을 주시고 그 소원을 이루어 주시는 분이심을 믿습니다.

올해도 하나님 앞에 우리 가정이 뜻을 세우고 소원을 품으며 그것을 이루시기까지 도우시는 하나님을 체험할 수 있도록 은혜를 주실 것을 믿습니다.

하나님 앞에서 목표를 세우고 그 목표에 도달할 수 있도록 하나님께 도움을 구하는 이 시간이 참으로 복된 시간인 것을 믿습니다. 목표는 바라보기 위해 있는 것이 아니라 거기 도달하기 위해 있는 것임으로, 오늘 이 시간 이후로 우리 가족 모두 심기일전함으로 맡겨주신 일을 감당할 때에 그 일 가운데 하나님의 크신 역사가 나타나는 새해가 될 줄을 믿습니다.

다 같이 기도 하겠습니다.

기도

자비로우신 하나님 아버지!

묵은 해를 돌아보며 또한 새해를 맞이하며 우리가 이렇게 하나님 앞에 예배드리는 것을 통하여 뜻 깊은 시간을 갖게 하시니 감사를 드립니다.

지난 해를 돌아보면 우리가 하나님 나라의 거룩한 성도로 이 땅을 살아가면서 하나님의 기쁨이 되기 보다는 세상의 기쁨을 쫓아서 살았던 시간이 많았음을 고백합니다. 회개하오니 받아 주시옵소서.

연초가 시작되면서 우리는 하나님 앞에 다짐하고 결심하지만 마음은 원이로되 육신이 약하여서 우리의 결심은 쉬이 흔들리고 무너지게 되는 것을 봅니다. 우리들의 이 약한 마음을 거두워 주시고 그 다짐이 올해가 끝날 때까지 유지될 수 있도록 도와 주시옵소서.

하나님 아버지! 우리를 불쌍히 여겨 주시고 우리가 이 세상을 살아갈 때 우리 머리의 지식이 온전히 우리 몸이 행하는 자리에까지 이르게 하시고 우리의 결심 또한 우리들 삶의 자리에서 구체화 될 수 있도록 역사하여 주시옵소서!

오늘 이렇게 가정예배를 드리면서 우리의 마음을 가다듬고 새로운 다짐을 하며 결단을 하오니 그와 같은 결심이 작심삼일에 머무르지 않도록 우리 안에서 크신 능력으로 역사하여 주시기를 간절히 기도합니다. 그리하여 연초에 세웠던 모든 계획들이 하나님의 도우심 속에 다 이루어 질 수 있도록 하여 주시옵소서.

예수님의 이름으로 기도합니다. 아멘!

폐회 : 주기도문

5.
명절 추모 가족예배

㉗ 설날 가정예배

말씀 : "너희는 유혹의 욕심을 따라 썩어져 가는 구습을 좇는 옛 사람을 벗어 버리고 오직 심령으로 새롭게 되어 하나님을 따라 의와 진리의 거룩함으로 지으심을 받은 새 사람을 입으라" (에베소서 4:22)

설교 : 새사람을 입으라!

오늘 이렇게 설 명절을 맞이해서 우리 가족 모두가 모여 하나님을 예배하게 하시니 감사합니다. 무슨 일을 하든지 그 시작과 마침을 알파와 오메가 되신 하나님 앞에서 한다는 것이 큰 의미를 갖는 것을 믿습니다.

지난 시간은 송구영신 예배로 한 해를 마감했으며 이제 다시 한 해를 시작하면서, 하나님 앞에서 시작하는 이 한 해가 하나님의 복이 가득한 날들이 되게 하심을 믿습니다.

특별히 새해는 오늘 말씀처럼 새사람 되기를 원합니다. 허탄한 세상만 바라보며 살던 우리의 연약한 믿음이 굳건한 반석 위에 세움 받아서 천국을 바라볼 줄 알고, 하나님의 마음을 헤아리며 살 줄 아는 믿음의 사람으로 거듭나기를 소망합니다.

세상으로부터 말미암은 것들은 그것이 다 썩어질 것이고 없어질 것이지만은 하나님께로 난 것은 영원한 것을 믿습니다.

오늘부터 시작되는 우리의 한 해가 우리 육신의 정욕을 쫓고 안목의 정욕과 이생의 자랑을 쫓아사는 인생이 아니라, 오직 믿음으로 하나님의 기쁨이 되는 한 해를 살아가기 원합니다.

이것은 우리의 힘만으로 할수 없는 것이오니 성령으로 우리를 감동해 주시고, 의와 진리와 거룩함으로 지음을 받는 새사람을 입게 하여 주시기를 소망합니다.

우리가 새사람을 입게 될 때에 하나님은 우리를 기뻐 받으시며 또한 우리의 간절한 소망도 이루어 주실 것을 믿습니다.

새사람을 입음으로 사람 앞에 예수 그리스도의 빛이 되게 하시고 향기가 되게 하심으로 우리의 인생을 통하여 주님이 영광 받으시는 시간되게 하시기를 소망합니다.

특별히 올 한 해는 우리 가정적으로 더욱 화목하며 영육간에 강건하게 하시고, 우리 교회적으로도 더욱 하나되며 하나님 영광 나타내는 교회되게 하시며, 이 사회와 나라에도 복을 주심으로 정치, 경제, 국방, 교육 모든 부분에 있어서 안정을 얻는 해가 되게 하시기를 소망합니다.

달력에 가득한 날들이 모두 우리를 인도 하시고 지키시는 복된 날들로 하나님이 복을 부으신 날들이 되게 하시기를 간절히 소망합니다.

다같이 기도합니다.

기도

사랑이 많으신 하나님 아버지!

설 명절을 맞이해서 우리 모든 자손들이 이렇게 모였습니다. 이 시간 하나님을 예배하는 것으로 한 해를 시작하려 합니다. 주님께 서 이 예배에 좌정 하시고 우리 집안의 주인이 되어 주시옵소서!

지난 날을 돌이켜 보면 하나님께서 베풀어 주신 은혜가 너무나 도 많은 것을 고백합니다. 그러나 우리의 믿음이 부족하여 다 감 사드리지 못한 저희들의 죄와 허물을 용서하여 주옵소서.

새해를 맞이하여 저희의 모든 가정들을 주의 사랑과 은총아래 거할 수 있도록 인도하여 주옵소서! 우리 모든 가족이 주안에서 화목하게 하시며, 영육간에 강건하게 하시며, 구습을 좇는 옛사람 을 벗어 버리고 오직 성령으로 새롭게 되어 의와 진리로 거룩함을 입은 새 사람이 되게하여 주시옵소서!

때로는 문제와 어려움을 만난다고 하더라도 그때마다 십자가에 서 승리하신 주님을 바라보며 굳센 믿음으로 극복할 수 있게 하시 고 모든 염려와 걱정을 주님께 맡길 수 있는 믿음을 허락하여 주 시옵소서!

예수님 이름으로 기도합니다. 아멘!

폐회 : 주기도문

㉘ 추석날 가정예배

말씀 : "하나님의 지으신 모든 것이 선하매 감사함으로 받으면 버릴 것이 없나니 하나님의 말씀과 기도로 거룩하여짐이니라"(디모데전서 4:4)

설교 : 감사로 받기

오늘 이렇게 민족의 명절인 추석을 맞이해서 우리 가족이 모여 가정예배를 드리게 하시니 하나님께 감사를 드립니다.

봄에 씨앗을 파종하고 가을에 거두게 하심으로 풍성한 하나님의 은혜를 맛볼 수 있도록 결실의 계절인 가을을 허락하시고 한가위 명절로 온가족이 기쁨을 나누게 하시니 또한 감사를 드립니다.

하나님께서 열매를 거두게 하시기까지 부지런히 일하는 봄철에 농번기를 지나게 하시고, 또한 뜨거운 햇살 가운데 곡식이 패이게 하시는 무더운 여름을 지나게 하시고, 또한 많은 자연재해를 극복하게 하시고 오늘의 풍요로운 은혜를 주신 것을 믿습니다.

돌아보면 우리의 삶 가운데에도 어려움도 있었고, 고난도 있었고, 문제도 있었지만 추석을 맞는 오늘 우리 모두가 감사로 하나님 앞에 영광 돌리기를 원합니다.

오늘 말씀과 같이 감사로 받으면 버릴 것이 없다 하셨으므로 이 모든 것을 우리가 감사의 조건으로 받기를 소망합니다.

도리어 그 반대가 되어서 모든 것이 감사의 조건이지만 감사를 감사로 받지 못하고 불평이나 원망으로 받는 일이 없어야 하겠습니다.

어떤 세차장에 차를 맡긴 사람이 차를 찾으러 갔는데 평소보다 청소가 제대로 안된 더러운 차를 보고는 세차장 직원을 나무랐다고 합니다. 그때 옆에 있던 그 사람의 아내가 남편의 안경을 벗겨서 닦아 주었다고 합니다. 그러자 차는 깨끗이 청소된 모습이었다고 합니다.

이와같이 우리의 눈 앞에서 우리의 눈을 가리우고 있는 더러운 안경을 먼저 청소하는 은혜가 있어야 할 것입니다. 불평과 원망으로 보이게 하는 안경을 끼고 살아가는 인생은 본인이 힘든 인생을 살게 됩니다.

우리의 인생에서 먼저 청소해야 하는 부분은 우리 앞에 있는 상황이라기 보다는 그 상황을 바라보는 우리의 눈인 것을 믿습니다.

우리가 이 모든 상황을 감사함으로 받고 하나님 앞에 영광 돌릴 때, 하나님께서는 설령 그것이 버려질 것이라고 하여도 하나님의 말씀과 우리의 기도를 통하여 거룩하게 하신다고 하셨습니다.

우리 식구 모두가 이 모든 것을 감사함으로 받아드리는 이번 추석 명절이 되기를 소망합니다.

다같이 기도 하겠습니다.

기도

사랑이 많으신 하나님 아버지!

이렇게 추석을 맞아 우리 가족이 모두 모여 하나님을 예배하게
하시니 감사를 드립니다. 이 시간 우리가 하나님을 예배하면서 오
늘이 있기 까지 지난 시간을 돌아보며 감사의 시간을 갖기를 원합
니다.

자비하신 하나님께서 우리 가족 모두를 불꽃같은 눈으로 지켜
주시고 보살펴 주심으로 오늘 이렇게 풍요로운 계절에 주님이 주
신 부요함을 누릴 수 있게 된 것임을 믿습니다. 저희들의 믿음에
도 더욱 풍요로움을 더하여 주시옵소서.

바라옵기는 이 자리에 모인 우리 모두가 감사의 입술을 갖기를
원합니다. 우리 입에서 원망불평이 사라지게 하시고 이 모든 것을
감사로 받을 수 있는 믿음과 은혜를 허락하여 주시기를 기도합니
다. 살아가는 것이 힘이 들어 때로는 불평이 나오거나 마음이 연
약해 질 수 있지만 감사를 선택하고 불평을 버리는 우리 모두가
되게하여 주시옵소서!

우리의 감사를 받으시고 주님은 우리의 모든 삶의 자리에 더욱
풍요로운 결실로 채워 주실 것을 믿습니다. 그 감사함을 늘 실천
하는 신앙심으로 무장할 수 있도록 하여 주시고 감사를 잃어버리

지 않는 우리의 믿음생활이 되게 하시기를 간절히 원하오며 우리
를 죄악에서 구원하신 우리 주님 예수 그리스도의 이름으로 기도
합니다. 아멘!

폐회 : 주기도문

㉙ 한식날 가정예배

말씀 : "이 사람들은 다 믿음을 따라 죽었으며 약속을 받지 못하였으되 그것들을 멀리서 보고 환영하며 또 땅에서는 외국인과 나그네임을 증언하였으니 그들이 이같이 말하는 것은 자기들이 본향 찾는 자임을 나타냄이라 그들이 나온 바 본향을 생각하였더라면 돌아갈 기회가 있었으려니와 그들이 이제는 더 나은 본향을 사모하니 곧 하늘에 있는 것이라 이러므로 하나님이 그들의 하나님이라 일컬음 받으심을 부끄러워하지 아니 하시고 그들을 위하여 한 성을 예비하셨느니라"
(히브리서 11:13~16)

설교 : 더 나은 본향

오늘 한식을 맞아 우리 가족이 조상이 누워계신 산소에서 하나님을 예배하게 하시니 감사합니다.

우리가 이렇게 산소에 모여 하나님을 예배함은 우리가 이 세상에서의 삶이 유한하며 덧 없는 인생이라는 것을 깨닫기 위함인 것을 믿습니다.

하나님께서 믿음의 조상인 아브라함을 막벨라굴이라는 산소에 묻히게 하시고 그의 후손들이 그곳을 찾게 하신 것처럼, 오늘도 우리는 우리의 조상들이 누워 계시는 이곳을 통해 우리가 가야할 곳을 깨닫고 확인하는 은혜가 있어야 할 것입니다.

본문 8절에 보면 아브라함은 기업으로 받게 될 약속의 땅을 향해 나갈 때 도대체 어디로 가야 얻게 되는지 갈바를 알지 못하고 나왔다고 했습니다. 그리고 아브라함으로 하여금 외방으로만 계속해서 돌리신 것은 그에게 약속의 땅을 얻고자 하는 욕구를 더욱 갈급하게 하시기 위함이었습니다. 9절에 보면 하나님은 그를 장막에 거하게 하셨다고 합니다. 그는 고향 갈대아우르를 떠나서 하나님의 명령에 따라 이리저리 장막을 치고 유리하게 됩니다. 지금 말로하면 텐트치고 사는 것입니다. 하나님은 정식 돌로 쌓은 집을 그에게 주지 않으시고 언제고 이사 가기 편하게 항상 장막인 텐트를 치고 살게 하셨다는 것입니다.

하나님께서 아브라함을 위시한 믿음의 조상들을 외지로 부처하시고, 평생을 외국인으로 살게 하신 이유는 세상이 나그네 길임을 알리시기 위함이었습니다. 이어서 10절에 하나님께서 따로 경영하고 지으실 터가 있는 '한 성'을 바라보게 하셨다고 합니다. 그리고 14절~16절을 보시기 바랍니다. 아브라함 그가 돌아갈려고 마음만 먹었으면 언제든지 그의 육체의 고향인 갈대아 우르로 갈 수 있었지만 그는 가지 않았다고 합니다. 그는 비단 육적인 고향을 그리워하는 것보다 그보다 더욱 근원적인 그의 영적뿌리가 있는 즉 더 나은 본향 하늘나라를 사모하며 외방에 부처졌다는 것입니다. 16절에도 분명히 한 성이 기록되어 있습니다. 그 성은 새 예루살렘성이고 천국인 것을 믿습니다.

아무리 부인할려고 해도 본능적으로 우리는 우리가 태어난 고향을 그리워하듯이 우리의 육과 영을 창조하신 하나님께 나아가고자 하는 마음이 있습니다. 우리는 다 하나님의 형상대로 창조가 되었기 때문에 그렇습니다. 그런데 가만히 보면 그의 육체가 편하고 물질적으로 풍부하고 속 썩는 일도 없고 호의호식 하면서 사는 사람들은 그다지 하나님나라가 속히 오기를 바라지 않습니다. 왜냐하면 그곳이 꼭 천년 만년 눌러 앉을 것 같은 천국으로 경험되기 때문입니다. 하지만 우리의 인생에 어려움이 있고 쓴맛이 있고 또한 고난이 있음으로 인해서 철이 들게 되는 것처럼, 그래서 쉼과 안식을 위한 고향을 찾게되는 것처럼 어쩌면 하나님이 우리에게 가져다 주신 어려움과 고난은 더 좋은 본향인 하나님 나라를 소망하기 위한 하나님의 뜻인 줄로 믿습니다.

다같이 기도 하겠습니다.

기도

거룩하신 주님!

우리의 인생은 나그네 인생인 것을 믿습니다. 죽어서 돌아가야 할 곳이 있으면 인생은 여행이지만 죽어서 가야할 곳을 모르면 인생은 방황이 될 것입니다. 우리의 인생이 방황이 되지 않도록 주님이 역사하여 주시옵소서!

우리가 가야할 곳을 분명이 알고 이 땅을 살아가는 지혜로운 인생들이 되게하여 주시옵소서! 우리의 믿음이 세상 중심이 아니라 천국중심의 신앙생활이 될수 있도록 역사해 주시옵소서!

우리 믿음의 조상 아브라함으로 하여금 본토친척 아비집을 떠나 광야로 들어가게 하신 것은 더 나은 본향인 천국을 사모하게 하기 위함인 것을 믿습니다. 우리의 인생이 어려움이 있다면 그것으로 하여금 아브라함 처럼 천국에 소망을 두게 하기 위함인 것을 깨닫게 하여 주시옵소서!

또한 주님은 아브라함으로 광야를 유리하게 하시면서 그가 발붙일 땅을 허락지 않으셨지만 장사될 막벨라동굴을 허락하셨습니다. 그와 같은 장사지가 바로 우리 앞에 있는 산소인 것을 믿습니다.

막벨라 동굴은 오직 우리 주님이신 것을 믿습니다. 십자가와 함께 죽게 하시고 예수와 함께 우리 죄악이 장사될 때 우리가 의롭게 되며 거룩하신 하나님께서 우리를 받으시고 영접하심을 믿습니다.

성묘를 마치고 내려가는 길도 주님께서 함께 하시고 다음 또 다시 만날 때까지 우리 모두를 지켜 보호하여 주시옵소서!

죄 많은 우리들의 죄를 사하시고 장차 천국으로 인도하실 우리 주님 예수 그리스도의 이름으로 기도합니다. 아멘!

폐회 : 주기도문

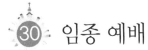

30 임종 예배

> **말씀** : "가로되 예수여 당신의 나라에 임하실 때에 나를 생각하소서 하니 예수께서 이르시되 내가 진실로 네게 이르노니 오늘 네가 나와 함께 낙원에 있으리라 하시니라!" (누가복음 23:42)

설교 : 가난한 마음

주님은 말씀하시길 땅에 있는 성도는 존귀한 자니 나의 모든 기쁨이 저에게 있다 하셨습니다. 그리고 또한 성도의 죽는 것을 여호와 하나님께서 귀중하게 보신다 하셨습니다

우리 모두는 죽음 앞에 오직 예수님 십자가에 달리실 때 또 한편에 달렸던 사람의 가난한 마음으로 주님 앞에 신앙고백 해야 함을 믿습니다. 오직 나사로와 같은 빈자의 마음으로 겸손히 주님 앞에 서야 합니다.

"당신의 나라에 임하실 때에 나를 생각하소서 하니 주께서 이르시기를 내가 진실로 네게 이르노니 오늘 네가 나와 함께 낙원에 있으리라!" 하셨습니다.

이와 동일한 신앙고백으로 우리가 주님을 바라볼 때 주님은 성도의 죽는 것을 불쌍히 보시고 오늘 사랑하는 ○○○ 성도의 영혼을 주님과 함께 낙원에 있게 하실 것을 믿습니다!

이 세상에 하나님 앞에 행위가 온전한 자는 없는 것을 믿습니다. 율법의 행위로는 의롭다함을 받을 육체가 없다고 말씀하신 주님께서 고 ○○○ 성도의 믿음을 받아 주시고, 주님의 십자가 보혈이 그 모든 죄를 씻고도 남음이 있는 줄 믿사오니 사랑하는 성도의 영혼을 받아 주심을 믿습니다.

죽음을 두려워 하는 제자들을 향하여서 주님은 말씀하시길 "너희는 마음에 근심하지 말라 하나님을 믿으니 또 나를 믿으라 내 아버지 집에 거할 곳이 많도다 그렇지 않으면 너희에게 일렀으리라 내가 너희를 위하여 처소를 예비하러 가노니 가서 너희를 위하여 처소를 예비하면 내가 다시 와서 너희를 내게로 영접하여 나 있는 곳에 너희도 있게 하리라!' 고 말씀 하셨습니다.

이 시대의 또 한 명의 주님의 제자가 여기 있습니다. 주께서 이 영혼을 천국으로 인도하시고, 천사들의 영접을 받게 하실 줄을 믿습니다!

천국은 내가 들어가는 것이 아니라 영접을 받는 곳이라 하셨습니다. 천국 문 앞에서 주님께서 마련하신 거룩한 의의 옷을 입고 천국에 입성하게 하시고 인생살이 모든 고난과 고통을 떨쳐 버리고, 하나님이 주신 천국의 자유를 누리게 하실 것을 믿습니다.

지금 이 자리에서 아무것도 할 수 없는 연약한 존재들이 우리들인 것을 깨닫고 겸손히 주님의 말씀에 귀 기울이는 우리 모두가 되길 소망합니다.

주님은 그 마음이 높은 자를 멀리 하시고 그 마음이 겸손한 자와 함께 하시는 주님이신 것을 믿습니다. 너희 인생이 무엇이뇨 너희는 아침에 잠깐있다 사라지는 안개니라 하셨습니다. 또한 우리의 인생이 밤의 한 경점 같다 하셨습니다.

헛된 인생길에서 세상에만 소망을 두지 않게 하시고 영원한 천국을 바라보며 살아가는 우리의 인생이 되게하여 주시기를 소망합니다.

다같이 기도 하겠습니다.

기도

사랑이 많으신 하나님 아버지!

여기 하나님 은혜로 한 평생을 살다가 이제 세상 나그네 인생길을 다 마치고 본향인 천국을 바라보기 원하는 성도가 누워 있습니다.

천국가고 싶으나 우리의 공로가 없습니다. 오직 예수 십자가의 공로를 의지하는 자에게 천국을 허락하시는 이가 우리 하나님이신 줄을 믿사오니 십자가 보혈을 의지하며 천국문 앞에 선 ○○○ 성도의 영혼을 주께서 받아 주시기를 간절히 기도합니다! 끝까지 주님을 기억한 그 믿음을 기억하여 주시옵소서.

앞서서 부모님(가족)을 보내드리는 가족들의 마음을 헤아려 주시옵시고 위로하여 주시옵소서! 잠시 잠깐의 헤어짐인 것을 기억하게 하시고 우리 모두가 이 길을 뒤따르게 된다는 사실을 잊지 않게 하여 주시옵소서.

부모님(가족)의 신앙을 생각하면서 더욱 더 사랑과 신앙으로 하나가 되는 믿음의 가정들이 될수 있도록 은혜를 더하여 주시옵소서.

이 세상을 살면서 오직 예수를 의지하는 우리의 믿음이 세상에서 난 것으로 흐트러지지 않도록 주님께서 지켜 주시기를 간절히 원하오며 성도의 죽는 것을 귀중히 보시는 우리 주님 예수 그리스도의 이름으로 기도합니다. 아멘!

폐회 : 주기도문

③ 장례예배(천국환송예배)

말씀 : "여호와의 모든 백성 앞에서 나는 나의 서원을 여호와께 갚으리로다 그의 경건한 자들의 죽음은 여호와께서 보시기에 귀중한 것이로다 여호와여 나는 진실로 주의 종이요 주의 여종의 아들 곧 주의 종이라 주께서 나의 결박을 푸셨나이다 내가 주께 감사제를 드리고 여호와의 이름을 부르리이다!"(시편 116:14~17)

설교 : 천국의 소망

사람은 이 세상에 태어날 때에 누구나 어머니 뱃속에서 열 달을 있다가 세상에 나오게 됩니다. 만약에 아이가 생각할 수 있는 능력이 있어서 엄마 뱃속에서 생각하기를 '과연 밖에 세상이 있을까?' 하고 의심한다 하더라도, 누구나 열 달이 채워지면 세상에 얼굴을 보이고 나서 과연 새로운 세상이 있긴 있었구나 하고서 놀라게 될 것입니다.

우리가 천국을 갈 때에도 마찬가지 입니다. 아기가 엄마 뱃속에서 살 때는 누구나 열 달을 있지만 이 세상에서 우리의 생애는 사람마다 하나님이 정해주신 시간이 있습니다.

우리는 저마다 하나님이 정해 주신 생을 마치고 새로운 세상을 갈 때에도 이 세상에 처음 나올 때 처럼 두려움이 있을 수 있습니다. 그러나 예수 믿는 사람에게 하나님은 저 천국을 약속하셨습니다. 부활을 약속해 주셨습니다. 우리는 예수 안에 있는 천국을 믿고, 부활을 믿고, 영생을 믿습니다.

우리가 이 땅에서 눈감고 천국에서 눈뜰 때 '과연 천국이 있었구나!' 하고서 즐거워 할 것입니다. 아이가 세상에 나올 때는 이 세상이 고통이 많은 괴로운 세상이니까 울면서 오지만 우리가 천국 가는 그날에는 웃으며 들어갈 것입니다. 그리고 우리가 예수 믿은 것이 얼마나 큰 축복인지 거기서 분명히 알게 될 것입니다.

그러므로 예수 믿는 자에게 있어서 죽음은 더 이상 두려움이 아니라 천국 백성으로 하나님의 아들과 딸로 정식으로 입성하는 시간입니다. 그래서 우리는 이 예배를 천국환송예배로 드리는 것입니다. 오늘은 이별의 슬픔이 우리에게 잠깐 있지만 우리의 마음에 기쁨이 있는 것은 다시 만날 소망이 있기 때문입니다.

이것은 예수 믿는 자 만이 누릴 수 있는 기쁨입니다.

또한 아이가 세상에 태어날 때는 아무것도 가지고 오지 않습니다. 우리가 저 천국을 갈 때에도 아무것도 가지고 가지 않을 것입니다. 세상에 있는 것에 너무 집착해서는 안 되겠습니다. 주님은 세상에 있는 돈과 명예 인기와도 같은 세상에 있는 것을 사랑치 말라고 하셨습니다. 세상과 짝하고 세상을 사랑하는 자는 하나님과는 원수가 된다고 하셨습니다. 예수 믿는 성도는 오직 천국을 바라보고, 천국을 소망하며, 천국의 기쁨을 이 땅으로 가지고 와서 사는 사람들입니다.

이 자리에 있는 우리 모두는 천국가야 합니다. 그렇다면 천국

문 앞에서 필요한 것은 오직 믿음입니다. 아무리 돈이 많아도 아무리 높은 권력을 누렸다고 해도 예수 믿음 없이는 들어갈 수 없습니다. 그래서 우리의 믿음은 금보다 귀한 믿음입니다. 이 세상을 살면서 우리가 재물을 지킬 줄 알고, 몸을 지키고 건강을 지킬 줄 알듯이, 예수 믿는 성도는 믿음을 지키고, 믿음을 관리하고, 믿음을 키울 줄 합니다.

금보다 귀한 믿음은 하찮은 돌덩이 처럼 여기고 천국 문 앞에서는 아무 쓸데 없는 세상의 것들만을 금처럼 여기는 일은 없기를 소망합니다.

하나님이 인정하시는 참 믿음이 되어서 우리 모두 천국에서 만나게 되기를 소망합니다.

다같이 기도 하겠습니다

기도

"땅에 있는 성도는 존귀한 자니 나의 모든 기쁨이 저에게 있도다!" 말씀하신 주님, 또한 그 "성도의 죽는 것을 귀중하게 보신다!"고 말씀하신 거룩하신 하나님 아버지! 오늘 이렇게 고 ○○○ 성도의 천국환송예배를 하나님 앞에서 드립니다. 주님께서 이 예배를 받아 주시고 또한 우리의 믿음을 받아 주시어서 우리의 구원이 행위가 아닌 예수 그리스도 십자가 보혈로 말미암는다는 진리를 깨닫게 하여 주시옵소서!

이 세상에 행위가 온전한 자가 어디에 있습니까? 오늘 생을 마

감한 고 ○○○ 성도의 믿음을 주께서 받아 주시고 주님의 십자가
보혈은 그 모든 죄를 씻고도 남음이 있는 줄 믿사오니 사랑하는
성도의 영혼을 받아 주시옵소서!

사랑하는 남편과 사랑하는 아버지와 이별을 당한 가족들의 마
음을 주께서 어루만져 주시고 위로하여 주시옵소서. 또한 "우는
자들로 같이 울라!' 하신 말씀을 따라 가까운 친지와 이웃이 또한
이 자리를 같이 했습니다. 저들에게도 은혜를 베풀어 주시옵소서!

사랑하는 주님!

"지혜자의 마음은 초상집에 있다" 하셨습니다. 이곳에서 우리
의 가야 할 곳을 다시 한번 확인하는 은혜를 허락하여 주심을 감
사하오며 우리를 죄악에서 구원하신 예수 그리스도 이름으로 기
도합니다. 아멘!

폐회 : 주기도문

32 추모 예배

말씀 : "믿음으로 에녹은 죽음을 보지 않고 옮겨졌으니 하나님이 그를 옮기심으로 다시 보이지 아니하였느니라 그는 옮겨지기 전에 하나님을 기쁘시게 하는 자라 하는 증거를 받았느니라 믿음이 없이는 하나님을 기쁘시게 하지 못하나니 하나님께 나아가는 자는 반드시 그가 계신 것과 또한 그가 자기를 찾는 자들에게 상 주시는 이심을 믿어야 할지니라 믿음으로 노아는 아직 보이지 않는 일에 경고하심을 받아 경외함으로 방주를 준비하여 그 집을 구원하였으니 이로 말미암아 세상을 정죄하고 믿음을 따르는 의의 상속자가 되었느니라"(히브리서 11:5-7)

설교 : 신앙의 전통

오늘 이렇게 고 ○○○님의 추도예배를 맞아 하나님 앞에 예배 드리며 이날을 기억하게 하시니 감사를 드립니다.

우리가 이렇게 고 ○○○님을 기억하며 하나님 앞에 예배를 드리면서 먼저 기억해야 하는 것은 이 시간은 사람을 예배하는 시간이 아니라는 것입니다.

돌아가신 사람을 높이고, 사람을 찬양하며, 사람을 예배하는 시간이 아니라 돌아가신 분의 신앙을 기억하고 그 신앙을 후손인 우리가 따르고 본받는 다짐을 하는 시간을 가져야 한다는 것입니다.

고인은 하나님 앞에 믿음을 드림으로 이미 천국에 입성해 계심을 믿습니다. 이제 우리는 그분의 믿음을 이어 받아야 한다는 의미에서 이 예배가 드려져야 할 것입니다.

오늘 본문의 에녹집안은 하나님을 기쁘시게 하는 집안의 전통을 이어 갔습니다. 에녹의 아들이 인류역사에서 969세를 살면서 가장 장수한 므두셀라이며 증손자가 바로 노아입니다. 믿음이 없이는 하나님을 기쁘시게 못한다는 유명한 구절인 6절의 말씀을 사이에 두고 앞절과 뒷절에 에녹과 노아가 기록되어 있습니다.

하나님을 기쁘시게 하는데에 이 집안 만큼 큰 업적을 남긴 집안이 없습니다. 얼마나 하나님을 크게 기쁘게 해드렸으면 에녹은 죽음을 보지 않고 그대로 천국으로 옮기셨고, 므두셀라는 가장 장수하였으며, 노아는 당대에 죄악으로 인해 멸망당할 세상에서 오직 홀로 방주를 짓고 구원받게 되었습니다.

그러니까 이 에녹과 므두셀라를 이어 노아에 이르는 이 집안은 하나님을 기쁘시게 하는 나름대로의 노하우가 있었던 것이 분명합니다. 그리고 그것을 대를 이어서 물렸던 것이었습니다.

우리는 이것을 배워야 합니다.

성경에 보면 노아와 에녹은 하나님과 동행했다고 기록되어 있습니다. 즉 이 집안은 하나님과 동행하는 방법을 알고 있었습니다. 눈에 보이지 않는 하나님이셨지만 항상 하나님을 인생의 곁에 모시고 하나님과 교제하며 하나님의 말씀을 따라서 살아간 사람들이었다는 사실입니다.

우리 집안이 이와같은 믿음의 전통을 이어가기를 소망합니다. 대대로 하나님을 기쁘시게 함으로 복을 받았던 에녹과 노아의 집안과 같이 우리 집안이 하나님의 복을 받기 위해서는 하나님과 동행하며 살 줄 알아야 하겠습니다.

눈에 보이는 세상과 사람들과 물질로만 사는 것이 아니라 눈에 보이지 않는 하나님을, 보이는 하나님으로 섬기며 사는 것이 쉬운 일은 아니지만 이것이 우리 안에서 이루어질 때 놀라운 하나님의 복이 우리 집안과 후손에게 함께 하실 줄을 믿습니다.

다같이 기도합니다.

기도

사랑이 많으신 하나님 아버지!

오늘 우리가 ○○○님의 ○○주기 추모예배를 드리면서 하나님 앞에 믿음의 가정이 되기를 소원하며 기도하기를 원합니다.

믿음의 대를 이어서 하나님의 축복을 받았던 에녹과 노아의 집안과 같은 우리 집안이 되기를 소망합니다.

노아와 에녹은 대부분의 사람들이 하나님을 부인하며 살던 악한 당시의 시대에서 오직 하나님을 모시고 하나님과 동행함으로 복을 받은 우리 믿음의 선조인 것을 믿습니다.

앞서간 우리의 믿음의 선조를 생각할 때에 귀한 믿음의 전통을 물려주심에 감사하게 하시고, 또한 우리가 그 믿음을 우리 후손에게 잘 물려줌으로 해서 하나님의 축복이 우리 집안에서 끊기는 일이 없도록 역사해 주시기를 기도합니다.

금보다 귀한 믿음은 하찮은 돌덩이 처럼 여기고 천국 문 앞에서

는 아무 쓸모 없는 세상의 것들만을 금처럼 여기고 하나님께 가는
일은 없기를 소망합니다.

우리 보다 앞서가신 ○○○님도 믿음을 하나님께 드림으로 천
국에 입성하셨듯이 우리 모두 금보다 귀한 믿음을 하나님 앞에 가
지고 가기에 열심을 품는 성도가 되게 하시기를 간절히 원하오며
예수님의 이름으로 기도합니다. 아멘!

폐회 : 주기도문

6.

경사중에 드리는 예배

첫 출근 감사예배

말씀 : "아브라함이 눈을 들어 살펴본즉 한 숫양이 뒤에 있는데 뿔이 수풀에 걸려 있는지라 아브라함이 가서 그 숫양을 가져다가 아들을 대신하여 번제로 드렸더라 아브라함이 그 땅 이름을 여호와 이레라 하였으므로 오늘날까지 사람들이 이르기를 여호와의 산에서 준비되리라 하더라"(창세기 22:13)

설교 : 여호와 이레의 하나님

하나님의 은혜로 사랑하는 우리 ○○이에게 사회의 첫 발을 내딛는 직장을 허락하심을 감사드립니다. 학교를 졸업하고 그동안 많이 기도하고 준비했는데 이렇게 때가되어 허락하심을 감사드립니다.

하나님은 언제나 우리 성도들의 인생길을 위해서 준비하고 계시는 하나님이십니다. 오늘 아브라함이 온전한 믿음으로 하나님께 순종했을 때 하나님은 아브라함을 위해서 수풀에 걸린 숫양을 준비하셨습니다.

우리의 믿음이 아브라함 처럼 하나님께 인정받은 믿음이 되기까지 시험을 견디는 시간이 있습니다. 아브라함은 독자 아들을 번제로 받치라고 하는 이해하기 힘든 명령을 받고 힘든 시간을 가졌지만 곧 믿음으로 이겨냈습니다.

우리 ○○이도 하나님이 준비하신 직장을 얻기까지 마음고생이 있었고 고난의 시간이 있었으며 또한 오랜시간 인내하고 수고하는 과정이 있었습니다.

그러나 이 모든 과정을 통해서 하나님은 ○○이의 믿음을 단련하고자 하시는 하나님의 뜻이 그곳에 있었음을 믿습니다.

이제 바라던 직장을 얻고 어엿한 사회의 구성원이 되었으니 그 직장속에서 하나님의 영광을 나타내기에 합당한 ○○이가 되어야 할 것입니다.

성실하게 주어진 일을 감당해야 할 것이며 직장동료들 간에 모범이 되며 상사를 잘 모시고 회사에 꼭 필요한 인재가 되어야 할 것입니다.

무슨 일이 맡겨지든 자신의 능력과 사람을 의지하기 전에 주님께 도움을 구하며 주님 주시는 힘과 지혜로 감당하길 바랍니다.

하나님을 의지하고 일하는 모습이 몸에 베이게 함으로 사람들 앞에 예수사람임을 드러내게 하고 주님의 향기와 빛이 되기에 부족함 없는 하나님의 사람이 되어야 할 것입니다.

아브라함의 믿음을 통해서 열국이 복을 받게 하신 것처럼 사랑하는 ○○이를 통하여서 회사가 복을 받는 은혜가 있기를 소망합니다.

하나님의 살아계심을 나타내며 하나님의 영광을 나타내는 축복의 통로가 되길 소망합니다.

사랑하는 ○○이의 인생 앞길에 항상 앞서 행하시는 하나님께서 이제 직장도 허락하셨으니 배우자도 허락하시고 귀한 가정 또한 이루게 하실 것을 믿습니다.

사랑하는 ○○이가 가는 인생길 위에 항상 빛이 되어 주시며 등불이 되어 주시는 하나님께 감사를 드리며 다같이 기도 하겠습니다.

기도

사랑이 많으신 하나님 아버지!

사랑하는 ○○이가 학교를 졸업하고 이제 어엿한 사회의 일원이 되어 직장생활의 첫발을 내딛게 되었습니다. 하나님께서 예비하신 회사이며 직장인 것을 믿습니다.

업무에 있어서나 대인관계에 있어서나 속히 적응하게 하시고 동료들간에 인정받고 상사에게 칭찬받으며 회사에서 없어서는 안 되는 꼭 필요한 사원이 되게하여 주시옵소서!

무엇보다 몸과 마음을 겸손히 행함으로 주위의 많은 사람을 얻을 수 있도록 역사하여 주시옵소서!

이 직장을 통하여서 사랑하는 ○○이의 인생길이 열리게 하시며 하나님의 인도하심이 이 직장생활 하는 가운데 항상 함께 하실 것을 믿습니다.

오늘 말씀과 같이 여호와이레의 하나님이 되신 주님께서 항상 동행하여 주시고 힘들고 어려운 일들이 있을 때면 옆에서 위로가 되시고 능력이 되시며 힘이 되어 주시옵소서!

사회인으로서 책임과 의무를 다하게 하시고 또한 하나님나라의 거룩한 성도로서 하나님의 기쁨이 되는 ○○이가 되게하여 주시옵소서!

하루하루의 직장생활이 활기있고, 의욕이 가득하며 즐거운 생활이 되게 하시기를 간절히 원하오며 우리 ○○이에게 첫 직장을 허락하신 우리 주님 예수 그리스도의 이름으로 기도합니다. 아멘!

폐회 : 주기도문

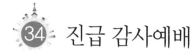

34 진급 감사예배

말씀 : "여호와는 가난하게도 하시고 부하게도 하시며 낮추기도 하시고 높이기도 하시는도다 가난한 자를 진토에서 일으키시며 빈궁한 자를 거름더미에서 올리사 귀족들과 함께 앉게 하시며 영광의 자리를 차지하게 하시는도다 땅의 기둥들은 여호와의 것이라 여호와께서 세계를 그것들 위에 세우셨도다"(사무엘상 2:7~8)

설교 : 높이시는 하나님

오늘 이렇게 바라던 진급을 이루어주시고 가족이 함께 진급 감사의 예배를 드릴 수 있도록 도우신 하나님께 감사를 드립니다.

오늘 본문은 한나가 아들 사무엘을 낳고 감사하며 하나님 앞에 기도할 때 지은 노래입니다.

한나의 노래처럼 성경에서 하나님은 땅에 있는 사람들을 높이기도 하시고 낮추기도 하시며, 가난한 자를 부하게 하시고 부한 자를 가난하게 하시고, 오늘 본문처럼 빈궁한 자를 거름덩이에서 들어 귀족들 가운데 앉히시는 일을 하시는 하나님이십니다.

그 마음을 교만히 행하는 자는 왕이라도 가장 천한 자리로 낮추시고, 그 마음을 겸손히 행하는 자는 비록 그가 가장 비천한 자리에 있다 하더라도 그를 높여서 주권자로 삼으시고 존귀를 얻게 하시는 하나님이십니다.

창세기의 요셉은 애굽의 총리로 오르기까지 비천한 노예신분의 자리에 있었지만 그는 하나님을 향한 믿음을 저버리지 않고 맡은 임무에 성실히 임했습니다. 형들에게 버림을 당하고, 때로는 누명을 쓰고, 마지막에는 술맡은 관원장에게는 배신을 당하기도 했지만 그는 하나님을 향한 믿음의 지조를 잃지 않았습니다. 결국 하나님은 그를 들어 황제 다음가는 총리의 자리에 앉히셨습니다.

다윗 또한 성경에 나오는 인물중에서 가장 많이 높아진 대표적인 인물이라고 할 수 있습니다. 그는 출신이 일개 목동이었지만 전무후무한 이스라엘 왕의 자리에 이르는 놀라운 축복을 받았습니다.

그가 하나님의 복을 받기까지 언제나 하나님과 마음을 같이 했습니다. 성경은 다윗이 하나님과 마음이 합했다고 까지 기록하면서 하나님의 큰 기쁨이 된 것을 말씀하고 있습니다.

이와같은 일들은 지금도 동일하게 일어나고 있습니다. 하나님은 일개 초등학교 출신의 가난한 링컨을 가장 존경받는 미국의 대통령이 되게 하셨으며, 우리나라도 이명박 대통령은 어릴 때 가난으로 인해 야간학교를 나오고 뻥튀기장사로 생활을 했지만 하나님은 그를 일국의 대통령의 자리에 까지 이르게 하셨습니다.

이 분들도 어릴 때부터 하나님을 부지런히 섬기기를 게을리 하지 않고 꿈을 꾸며 비전을 품고 하나님께 기도하며 살았던 분들임을 알 수 있습니다.

세상에서의 모든 자리는 하나님이 허락하신 자리입니다. 그 자리에서 직위를 남용하고 허세를 부리지 않고 하나님의 영광을 나타내며 헌신하며 봉사하며 겸손히 일할 때에, 하나님은 그를 더욱 높이심으로 영광스럽고 존귀한 이름을 얻게 하실 것입니다.

다 같이 기도 하겠습니다.

기도

사랑이 많으신 하나님 아버지! 사랑하는 ○○○를 통하여 이번 진급시험을 패스하게 하시고 바라던 진급을 이루게 하신 은혜를 감사드립니다.

자신의 능력이 뛰어나서 얻은 자리이기 보다는 하나님이 은혜를 주시고 우리의 기도를 들으심으로 허락하신 자리인 것을 믿습니다. 오늘 말씀처럼 우리를 높이시는 분은 하나님이신 것을 믿습니다.

비천한 히브리 노예출신이었던 요셉을 바로황제 다음가는 총리에 자리에 앉히신 것은 그가 주님 앞에 믿음으로 행하며 세상죄로 자신을 더럽히지 않았기 때문인 줄을 믿습니다.

역시 초라한 이스라엘의 목동이었던 다윗을 들어 온 이스라엘의 주권자로 삼으신 것도 그가 하나님과 합한 마음이었기 때문인 것을 믿습니다.

높아진 직위에서 하나님과 동행하게 하시고 교만히 행치않고 겸손히 행함으로 하나님의 영광을 나타내게 하여 주시옵소서!

직위가 높아진 만큼 그 만큼 책임도 뒤따르게 됨을 믿습니다. 더욱 성실히 일하게 하시고 일속에서 예수님과 같은 섬기는 마음을 가지고 일할 수 있도록 은혜를 베풀어 주시기를 기도합니다.

더욱 능력을 인정받아서 직장에서 없어서는 안되는 인재가 되게 하시기를 간절히 원하오며 우리 가정에 기쁜소식을 주신 우리 주님 예수 그리스도의 이름으로 기도합니다. 아멘!

폐회 : 주기도문

35 개업 감사예배

> **말씀** : "너의 행사를 여호와께 맡기라 그리하면 네가 경영하는 것이 이루어지리라"(잠언 16:3)

설교 : 여호와께 맡기라!

오늘 이렇게 새로운 사업을 시작하게 하신 하나님께 감사를 드립니다. 이 사업을 시작하기까지 어려움이 많이 있었지만 이제 이 모든 어려움을 극복하고 새로운 생업을 시작하게 하신 하나님께 감사를 드립니다.

오늘 개업예배를 하나님 앞에 드리면서 먼저 이 사업장을 주님께 온전히 맡기는 은혜가 있기를 소망합니다. 사람의 지혜와 사람의 능력을 넘어서서 하나님의 인도하심과 경영하심이 이 사업장 위에 함께 하시길 소망합니다.

하나님의 일을 맡아서 관리하는 청지기로서 이 사업장을 운영하게 된다면 하나님 주신 지혜와 담대함이 임할 줄을 믿습니다.

이 사업장의 주인을 하나님이라고 고백하고 정말로 하나님께 드렸다면 하나님이 책임지실 것입니다.

나는 능력이 없어도 하나님은 무슨 경영이든지 이루지 못할 경영이 없다고 하셨으니 아름답게 이 사업장을 세워 주실 것을 믿습니다.

항상 하루의 시작을 기도함으로 시작할 때 그것이 하나님이 주인이심을 말씀드리는 표지가 될 것입니다. 또한 이윤을 얻기 이전에 먼저 하나님 앞에 정직하게 행하며 찾아오는 모든 손님을 왕처럼 섬기고, 친절히 대접할 때 사업장이 부흥되며 일취월장 성장하게 될 것을 믿습니다.

또한 이 사업장을 맡아 감당하는 모든 식구들이 사랑으로 한 마음 한 뜻이 되어야 할 것입니다. 마음이 하나되지 못한 곳에는 발전이 있을 수 없기 때문입니다. 사업장 식구들 모두가 서로 위하고 사랑하며 사업장을 세우기에 성실과 열심을 다하는 은혜가 있기를 소망합니다.

마지막으로 이 사업을 통하여 육신적인 안목의 정욕과 개인적인 이생의 자랑을 이루는 것이 아니라, 하나님의 영광을 드러내며 하나님께 더욱 헌신하며 봉사하며 충성하기 위한 기반이 되는 사업이 되도록 힘써야 할 것입니다.

적든지 크든지 간에 하나님 아버지께 온전한 십의 일조의 생활을 구별하는 데에 거리낌 없는 믿음이 되기를 소망합니다. 그리하여 과연 하나님은 온전한 십의 일조 생활을 하는 성도의 생활을 책임지시고 붙드시며 부흥케 하시는 것을 몸으로 체험하는 은혜가 이 사업장을 통하여 나타나기를 소망합니다.

하나님이 주시기로 약속하신 이 가정의 복이 이 사업장을 통하여 얻게 되는 놀라운 역사가 나타나길 소망합니다.

다 같이 기도 하겠습니다!

기도

사랑이 많으신 하나님 아버지! 사랑하는 ○○○ 성도 가정에 새로운 사업장을 주심을 감사드립니다.

이 사업장을 맡은 사랑하는 ○○○ 성도님 가정에 은혜를 주심으로 물질을 쫓지 않게 하시고 도리어 물질이 쫓아오는 역사가 있게 하여 주시옵소서! 돈을 번다는 마음보다 사람들의 마음을 얻으려 하는 전략을 갖게 하시기를 원합니다.

'어떻게 하면 손님을 기쁘게 해주고, 행복하게 해줄까?' 를 연구하며 노력하게 하옵소서! 손님 한 명 한 명에게 정성과 친절을 다하다 보면 물질은 자연히 따라 올 줄을 믿습니다. 늘 발전적으로 긍정적으로 생각하는 사업체가 될 수 있도록 하여 주시옵소서.

사랑을 베푸는 마음으로 사업체가 운영되게 하시고 그 사랑이 힘이 되어 많은 고객들의 마음을 얻게 하심으로 이 사업체를 원하는 단골들이 많이 늘어나게 하시고 일취월장 번창하는 사업장이 되게하여 주시옵소서!

이 사업체를 맡아 운영하는 ○○○ 성도님과 수고하는 모든 분들이 한 마음 되게 하시고, 건강으로 지켜 주시고, 지혜로 이끌어 주시며 모두가 함께 주를 바라는 신앙의 길로 인도하여 주시옵소서!

참 많이 준비하고, 계획하고, 기도하며 시작하는 사업이오니 항상 지켜 주시고 도와 주시옵소서! 무소불능 하시며 무슨 경영이든지 이루지 못하실 경영이 없으신 주님께서 온전히 이 사업체를 경영하여 주실 줄을 믿사오며 우리의 경영이 되신 우리 주님 예수 그리스도의 이름으로 기도합니다. 아멘!

폐회 : 주기도문

36 이사 감사예배

> **말씀** : "너는 일어나 그 땅을 종과 횡으로 두루 다녀 보라 내가 그것을 네게 주리라 이에 아브람이 장막을 옮겨 헤브론에 있는 마므레 상수리 수풀에 이르러 거주하며 거기서 여호와를 위하여 제단을 쌓았더라!" (창세기 13:17~18)

설교 : 우리의 장막집

오늘 이사를 다 마치고 이렇게 하나님 앞에 예배함으로 이 집의 주인이 하나님 되심을 고백하는 시간을 갖게 하심을 감사합니다.

믿음의 조상 아브라함은 그의 거처를 옮길 때에 항상 먼저 제단을 쌓고 하나님을 예배하는 것을 통하여 그 가정이 하나님을 섬기는 가정임을 증명하였습니다.

오늘 우리 가정도 하나님을 섬기는 가정으로서 아브라함 처럼 하나님을 이 자리에 모시고 예배하는 시간 되기를 소망합니다. 하나님이 우리 가정에 성령으로 충만하게 임하실 것을 믿습니다.

아브라함은 오늘 본문의 말씀처럼 마므레 상수리나무 수풀가로 가서 그의 거처인 장막을 쳤다고 했는데 그 이전에 조카인 롯이 먼저 죄악의 도시인 소돔 고모라를 택해 들어가고 나서 선택한 이사

자리였습니다.

아브라함은 죄악의 도시로 들어가서 하나님도 모르고 흥청망청 사는 것보다는 하나님을 섬기며 예배하며 살 수 있는 조용한 마므레 상수리나무 아래를 택한 것이었습니다.

하나님을 예배하는 것을 우선시 하며 집을 택한 아브라함은 하나님의 놀라운 축복을 받았습니다. 우리 가정도 하나님 예배함을 중심으로 살아가는 가정 되기를 소망합니다. 항상 하나님을 예배하는 찬송소리와 기도소리가 끊이지 않는 은혜가 있기를 바랍니다. 우리가 찬송한 것처럼 높은 산이 거친들이 초막이나 궁궐이나 내주 예수 모신 그 곳이 곧 하늘나라인 것을 믿습니다.

이 예배를 받으시는 주님이 이후로 이 집에서 살아가는 동안 일어나는 모든 대소사의 일들 속에서 도와 주시고, 지켜 주시고, 인도해 주시는 역사로 함께 하실 것을 믿습니다. 하나님의 세심하신 돌보심과 간섭이 있을 것을 믿습니다.

식구들 모두의 육신의 건강을 붙들어 주시고 자녀들에게 지혜와 명철을 더하여 주시며 하는 일에도 하나님의 크신 역사가 있을 것을 믿습니다. 신명기의 말씀대로 이 집을 드나드는 문지방이 복을 받고 떡 반죽그릇이 복을 받을 것을 믿습니다.

그와 같이 되기 위하여서 이 집에서 사는 동안 주위의 다른 가정에 믿음의 본을 보이며 하나님의 영광을 나타내는 천국의 대사관 같은 가정이 되어야 할 것입니다.

이 집에 사는 동안 식구들 간에 다툼이나 분쟁이 있지 않게 하시고, 악한 마귀의 역사가 틈타지 못하게 하시고, 항상 하나님 주신 평안과 화목이 가득하며 웃음소리가 날마다 넘쳐나는 은혜가 있을 것을 믿으며 다같이 기도 하겠습니다.

기도

은혜로우신 주님! 주님의 은혜로 이렇게 이사할 수 있는 모든 여건을 허락하여 주심을 감사드립니다. 하나님이 예비 하시고 하나님이 때가 되어서 오게 하신 집인 것을 믿습니다.

이제 기도하오니 주님께서 이 집에서도 전과 같이 주님이 주인 되어 주시기를 간절히 기도합니다. 우리의 주거조건이 어떠하든 우리는 언제나 주님집에 전세사는 것을 믿습니다.

이 집에서 일어나는 모든 일을 주님께서 친히 맡아 주시고 주관하시며 책임져 주시기를 기도합니다. 이 집안 식구들이 저 현관 문지방을 드나들 때마다 임마누엘 하나님께서 함께 하시고, 하나님의 지키심과 인도하심을 경험하게 하여 주시옵소서!

온전히 주님을 하나님으로 섬기며 왕으로 섬기는 이 가정에 복 위에 복을 주시고 은혜 위의 은혜를 주실 때 하늘의 신령한 복과 땅위의 기름진 복이 임하게 하시며 신명기 28장을 통해서 약속하신 네가 들어가도 복을 받고 나와도 복을 받을 것이라는 말씀이 이루어지는 가정되게 하여 주시옵소서!

언제나 찬송소리가 높이 울려 퍼지게 하시고, 웃음소리가 끊이지 않게 하시며, 참다운 평안과 안식이 있는 집이 되게하여 주시옵소서!

그리하여 이곳이 하나님 나라를 전하는 천국의 대사관이 되게 하시고 주위의 많은 사람들에게 하나님의 살아 계심을 나타내 보이는 증거가 된 집이 되게하여 주시옵소서! 예수님 이름으로 기도합니다. 아멘!

폐회 : 주기도문

37 집장만 감사예배

말씀 : "여호와께서 집을 세우지 아니하시면 세우는 자의 수고가 헛되며 여호와께서 성을 지키지 아니하시면 파수꾼의 깨어 있음이 헛되도다"(시편 127:1)

설교 : 이스라엘을 지키시는 하나님

오늘 이렇게 보란듯이 멋진 집을 우리 가정에 소유로 주신 은혜에 감사하며 하나님 앞에 가정예배를 드리게 하심을 감사합니다.

오늘 본문말씀에 여호와께서 집을 세우지 않으시면 세우는 자의 수고가 헛되다는 말씀처럼 하나님께서 이 집을 세워 주시기를 소망합니다.

집만 가지고는 안 됩니다. 집안에는 가구도 있고 전자제품도 있지만 정작 중요한 것은 화목입니다. 행복입니다. 좋은 침대만 있어서는 안됩니다. 하나님께서 단잠을 주셔야 합니다. 아이들의 책상에는 하나님께서 지혜를 주셔야 합니다. 식탁에서는 건강을 주셔야 합니다. 이와같이 건물뿐인 하우스가 진정한 홈이 되기까지 하나님이 이 모든 것을 우리 집에 채워 주셔야 함을 믿습니다.

또한 하나님께서 성을 지키지 아니하시면 파수꾼의 경성함이 허사라고 하셨습니다. 우리가 아무리 집을 지킨다고해도 사람의 지킴에는 한계가 있습니다. 그러나 우리 하나님은 불꽃같은 눈으로 우리의 삶을 지키시는 하나님이십니다.

이스라엘을 지키시는 자는 졸지도 아니하고 주무시지도 않는다고 하셨습니다. 여호와는 너를 지키시는 자라 여호와께서 네 우편에서 네 그늘이 되시나니 낮의 해가 너를 상치 아니하며 밤의 달도 너를 해치 않을 것이라고 말씀 하셨습니다.

또한 여호와께서 너를 지켜 모든 환난을 면케 하시며 또 네 영혼을 지키시리로다 여호와께서 너의 출입을 지금부터 영원까지 지키시리로다 말씀하신 우리 하나님이신 것을 믿습니다.

이 집에 악한 영이 침입하지 못하도록 막아 주시고 한 길로 왔다가도 일곱 길로 쫓겨가는 역사가 있을 것을 믿습니다. 하나님의 성령이 우리 가족들 모두의 드나드는 것을 온전히 지켜 주실 것을 믿습니다.

참으로 우리 하나님은 하나님의 자녀인 우리에게 거할 처소를 예비하시는 하나님 이십니다. 주님은 십자가 지시기 전날 밤 두려워 하는 제자들에게 천국에 거할 곳이 많다고 하시면서 주님이 먼저 가셔서 우리가 있을 처소를 예비하실 것이라고 하셨습니다.

주님은 이제 우리가 가야 할 천국의 처소만 예비하지 않으시고 이 땅에서 거할 처소도 예비하시는 하나님이신 것을 믿습니다.

우리가 기억해야 할 것은 이 땅에서의 모든 집은 아브라함의 장막과 같이 나그네인생이 머무는 곳임을 잊지 말아야 할 것입니다. 하나님은 아브라함과 모든 족장들에게 벽돌로 집짓게 하지 않으시고 가는 곳마다 장막을 치며 있게 하셨습니다.

우리의 진짜 집은 천국에 있음을 믿습니다. 이 땅에서의 모든 집은 다 임시로 거하는 장막인 것을 알게 하시기 위해서 하나님은 우리 믿음의 조상인 아브라함으로 하여금 장막을 치며 광야를 유리하게 하신 것을 믿습니다.

몸은 비록 땅의 집에 살아도 마음은 항상 천국의 집을 소망하는 우리 가정이 되길 소망하며 다같이 기도 하겠습니다.

기도

은혜로우신 하나님 아버지!

구약의 이스라엘 백성을 하늘의 만나와 메추라기로 먹이셨던 것처럼 우리 가정이 이 집에 사는 동안 하나님의 공급하심과 채우심을 받게 하시며 필요한 것, 있어야 할 것으로 언제나 가득하게 하여 주시옵소서!

이 집안에서 하는 일에도 복을 주심으로 하는 일이 형통하게 하시고, 자녀들은 하나님이 주신 지혜와 명철이 가득하게 하시며, 영육간에 모든 식구가 강건하게 하시며 항상 화목함으로 하나 된 가정이 되게하여 주시옵소서!

우리가 이 땅에서 거하는 모든 집은 장막인 것을 믿습니다. 우리 믿음의 조상 아브라함을 평생토록 외국인으로 유리하며 벽돌 집이 아닌 장막집에 살게 하신 이유는 세상이 나그네 인생길임을 알리시기 위함인 것을 믿습니다.

아브라함 처럼 이 땅에다 소망을 두지 않게 하시고 비록 몸은 벽돌집에 살아도 우리의 마음은 오직 신령한 천국을 바라보며 이 땅에서의 우리 인생이 나그네 인생길에 불과한 장막집 인생인 것을 잊지 않게 하여 주시옵소서!

마지막으로 이 가정이 이 집에 사는 동안 악한 영이 일절 틈타지 못하게 하시며 오직 하나님의 성령께서 온전히 지키시고 안보하시며 책임지시기를 간절히 원하오며 우리의 있을 곳을 예비하시는 우리 주님 예수 그리스도의 이름으로 기도합니다. 아멘!

폐회 : 주기도문

38 질병치유 감사예배

말씀 : "내 이름을 경외하는 너희에게는 공의로운 해가 떠올라서 치료하는 광선을 비추리니 너희가 나가서 외양간에서 나온 송아지 같이 뛰리라"(말라기 4:2)

설교 : '여호와 라파'의 하나님

오늘 이렇게 사랑하는 ○○이(님)가 질병을 거뜬히 이기고 건강을 회복하여 하나님 앞에 감사의 예배를 드리게 하시니 감사합니다.

하나님은 우리에게 말씀하시기를 "나는 너희를 치료하는 여호와라!" 말씀하셨습니다. 우리의 몸을 조성하신 하나님이 어찌 치료하지 못하시겠습니까!

사람은 병을 진단하고 처방하나 참으로 병을 낫게 하시는 이는 우리 하나님이신 것을 믿습니다.

우리 몸을 조성하신 전능하신 하나님의 손은 밤마다 우리의 병든 몸을 어루만지심으로 소성케 하시며 회복시키시며 새 생명을 불어 넣으시는 치유의 손인 것을 믿습니다.

또한 오늘 본문의 말씀에서 처럼 하나님은 우리에게 치료하는 광선을 비춰신다고 하십니다. 병원에서는 우리가 보이지 않는 빛을 이용해서 질병을 치료하는 것을 보게 됩니다. 그러나 적외선, 엑스선, 방사선 같은 빛보다 더 강렬한 빛과 성령이 비춰시는 여호와 라파의 빛인 줄을 믿습니다.

이 주님이 비추시는 빛이 비록 우리 눈에는 보이지 않으나 능력의 빛으로 우리를 치료하고 낫게 하는 하나님의 손길임을 믿습니다.

우리가 기억해야 하는 것은 이와같은 하나님의 치유하심은 오늘 본문말씀 처럼 여호와를 경외하는 자에게 하나님 주시는 은혜라는 것입니다. 하나님을 경외하지 않고서는 하나님의 치유를 맛볼 수 없습니다. 우리의 마음을 겸손히 낮추고 하나님의 긍휼을 구할 때 하나님은 우리 육신의 고통과 신음을 들으시고 구원하시는 하나님이십니다.

성경에 나오는 참으로 많은 사람들이 주님 앞에 나오게 된 동기가 질병을 치유받는 데에 있었습니다. 그리고 그들의 마음은 항상 겸손 했습니다. 수로보니게 여인처럼 상에서 떨어지는 부스러기라도 주님께 구하는 마음으로 겸손히 행할 때에 질병이 치유되는 기적을 맛보았습니다.

주님을 만난 사람치고 치유받지 못한 사람은 한 명도 없었습니다. 질병을 치유받고 더 나아가 죄사함도 얻었으며 하나님의 거룩한 백성이 되었습니다.

사랑하는 ○○(님)으로 하여금 이와같이 주님주신 회복과 치유를 경험하게 하심은 하나님의 역사하심을 통하여, 더욱 주님 앞에 겸손하게 행하며 큰 믿음으로 성장하게 하시려는 하나님의 섭리가 있음을 믿습니다.

그럼으로 이제 후로는 더욱 주의 일에 열심히 행하며 주님의 기쁨이 되는 인생을 살아야 할 것입니다.

또한 병 나음을 위해서 수고한 모든 식구들과 병원의 의사 선생님과 모든 간호사들에게도 감사의 마음을 가지면서 다 같이 기도하겠습니다.

기도

생명을 소성케 하시는 주님!

이스라엘이 광야길에 마라의 쓴물을 먹고 괴로워할 때 나뭇가지로 물을 맑히시며 나는 너희를 치료하는 여호와라 말씀하셨습니다.

여호와 라파되신 주님께서 치료의 빛을 사랑하는 ○○성도에게 비춰주심으로 참으로 주님 주시는 치유를 경험하게 하여 주시니 감사드립니다!

주님의 백성이 고통중에 신음할 때 그 신음소리를 들으시고 고통에서 건지시는 이가 우리 하나님이신 것을 믿습니다.

이스라엘이 광야에서 불뱀에 물려 고통당할 때 장대높이 달린 놋뱀을 바라본즉 나음을 입었다고 했습니다. 장대높이 달린 불뱀은 우리 주님이신 것을 믿습니다.

사랑하는 ○○이(님)이 주님 바라봄으로 나음을 입었음을 믿사오니 주님의 돌보심이 항상 ○○(님)이 위에 함께 함을 믿습니다.

이와같은 질병중에 하나님을 더 깊이 만나게 하시고, 더 큰 믿음으로 성장하는 계기가 되게 하심을 믿습니다. 하나님과 더욱 가까이 두시고자 겸손한 마음으로 주님을 바라보게 하시기 위해 질병도 허락하신 줄 믿사오니 이후로는 더욱 감사히 주의 일에 열심을 품는 주님나라의 성도가 되게하여 주시옵소서! 예수님 이름으로 기도합니다 아멘!

폐회 : 주기도문

39 문제해결(기도응답) 감사예배

말씀 : "너희는 여호와의 선하심을 맛보아 알지어다 그에게 피하는 자는 복이 있
도다 너희 성도들아 여호와를 경외하라 그를 경외하는 자에게는 부족함이 없도다
젊은 사자는 궁핍하여 주릴지라도 여호와를 찾는 자는 모든 좋은 것에 부족함이
없으리로다"(시편 34:8~9)

설교 : 여호와를 맛보아 알지어다!

오늘 이렇게 우리 가족의 간절한 기도를 들으시고 우리의 문제
를 해결해 주신 하나님께 감사의 예배를 드리게 하시니 감사합니
다.

우리 가정적으로 많이 힘든 가운데 기도해 오던 ○○문제를 해
결해 주신 분이 하나님이신 것을 믿습니다.

하나님은 인생의 문제 가운데 갈급해 있는 성도들을 만나 주시
고 그 갈급함을 채워주시는 자비로운 하나님이십니다. 오늘 본문
의 말씀과 같이 하나님을 섬기는 사람들은 하나님의 선하심을 맛
보아서 알아야 합니다.

신앙생활을 하면서 남이 겪은 이야기만 듣고서는 신앙이 성장
하기 어렵습니다. 자신이 만난 하나님, 자신이 경험한 하나님, 자

신의 기도를 들으신 자신만의 하나님 경험이 있어야 합니다.

반대로 생각해 보면 하나님은 당신을 경험하게 하시고자 성도들에게 갈급한 문제를 허락하시고, 성경의 표현대로 사슴이 시냇물을 찾기에 갈급함 같은 기도를 하게 하시며 비로소 하나님을 만나는 경험을 하게 하시는 것입니다.

사람들은 인생의 문제를 만났을 때야 하나님께 나아가 기도하기 때문입니다. 인생의 난관을 만나고 감당하기 어려운 문제 앞에서, 우리는 하나님을 찾게 되고 또한 그 가운데 피할 길을 내시는 하나님을 경험하며 세심한 손길로 도우시는 전능하신 하나님의 살아 계심을 느끼게 되는 것입니다.

여호와를 맛보아 아는 체험을 하게 된 성도는 그 맛을 또 보기 위해 하나님을 찾게 되는 것입니다. 맛 있는 음식맛을 보았으면 그 집을 또 찾는 것과 같습니다.

오늘 말씀처럼 젊은 사자는 궁핍하여 주릴지라도 여호와를 찾는 자는 모든 좋은 것에 부족함이 없다 했습니다. 젊은 사자는 능력이 많은 사람을 말합니다. 그러나 사람의 능력은 금방 한계에 부딪힙니다.

사람은 어려워도 우리 하나님이 하시면 쉽습니다. 우리 하나님은 무소불위 하시고 무슨 경영이든지 이루지 못하시는 경영이 없으신 분이십니다.

우리의 무력함과 무지를 하나님께 아뢰고 하나님의 도움을 구할 줄 아는 믿음을 얻게 하시기 위하여 하나님은 고난도 허락하시고 문제도 허락하시는 것입니다.

이와같은 인생의 문제를 하나님 앞에서 해결하는 경험을 하면서 하나님을 맛보게 하시고 또한 하나님을 바로 섬기는 법을 배우게 되는 것이었습니다.

그러나 문제를 만나고 나서야 기도하는 믿음은 연약한 믿음입니다. 우리의 모든 일상을 통해서 주님을 더욱 깊이 만나고 주님을 섬기며 미리 이 모든 일에 기도함으로 주님의 도움을 구하며 사는 성숙된 믿음이 하나님이 원하시는 믿음이 될 줄을 믿습니다.

우리의 기도를 들으시고 응답하신 은혜로우신 하나님께 진실로 감사를 드리며 우리 다 같이 기도 하겠습니다.

기도

사랑이 많으신 하나님 아버지!

하나님은 우리의 문제 가운데 찾아오시는 하나님이신 것을 믿습니다. 우리가 홀로 감당하기 어려운 많은 문제를 맡으시고 우리를 도우시는 자비하신 하나님이신 것을 믿습니다.

내가 참으로 너를 도우리라 나의 의로운 오른손으로 너를 건지리라 말씀하신대로 우리의 어려움을 맡으시고 해결하신 주님께 감사와 찬송과 영광을 돌려드립니다.

이 시간 우리 가족이 감사의 예배를 드리면서 우리가 급할 때만 하나님을 찾지는 않았는지 돌아보게 됩니다. 우리의 믿음이 위급할 때만 찾는 하나님이 아니었는지 회개하기 원합니다.

온전히 우리 가족 모두가 평상시에도 하나님을 의지하며 섬기며 주님의 도움을 바라며 사는 참된 신앙이 되기를 소망합니다. 기도하기를 게을리 하지 않고 주님을 섬기는 일에 더욱 열심을 내게 하여 주시옵소서!

주님의 전능하신 손길이 항상 우리 가정과 우리 가정의 문제 가운데 깊이 개입 하시고 간섭하심으로 앞으로 있을 모든 문제도 이번과 같이 주님이 해결해 주실 것을 믿습니다.

"너희는 여호와의 선하심을 맛보아 알라!"고 주님이 우리에게 말씀하신 그 말씀의 실제 주인공이 되게 하심에 감사를 드리며 우리를 도우시는 우리 주님 예수 그리스도의 이름으로 기도합니다. 아멘!

폐회 : 주기도문

40 범사 감사예배

말씀 : "범사에 감사하라 이것이 그리스도 예수 안에서 너희를 향하신 하나님의 뜻이니라"(데살로니가전서 5:18)

설교 : 우리를 향하신 하나님의 뜻

하나님은 오늘도 우리 가정의 주인이 되시고 우리 가정에서 일어나는 모든 일을 주장 하시며 은혜 베푸시는 하나님이신 것을 믿습니다.

우리 육신의 부모가 자녀들을 향하여 뜻과 바램을 가지고 있듯이 영적인 아버지 되신 하늘아버지께서도 이 땅의 자녀들을 향하여 뜻을 가지고 계십니다.

그 뜻 가운데 가장 중요한 것 한 가지가 바로 항상 감사하는 마음을 갖는 것입니다.

'범사에 감사하라!' 는 주님의 명령은 모든 일에 감사하라는 말씀입니다. 그러나 우리가 겪는 모든 일 가운데는 분명히 좋은 일만 있지 않고, 좋지 않은 일도 있으며 때로는 견디기 힘든 고난 또한 있는 것이 사실입니다.

사람은 힘든 일을 만나고 고난을 만나면 누구나 불평하고 원망하는 마음이 솟구쳐 올라오는 것이 자연스러운 현상입니다. 고난 가운데에도 감사한다는 것은 이해하기 어렵고 그렇게 행하기도 어렵습니다.

그러나 우리 성도들의 감사는 세상 사람들이 감사할 때 처럼 조건에 따라 감사하지 않습니다. 세상 사람들은 감사할 조건이 생기면 그때 감사하고 감사할 조건이 없으면 감사하지 않습니다.

우리 크리스천은 조건에 따라 감사하지 않습니다. 그 이유는 이 모든 것이 연합하여 하나님의 뜻을 이루며, 지금 내 눈 앞에 벌어진 이와같은 일을 통하여서도 결국은 하나님의 선하신 뜻을 이룰 것이라는, 하나님에 대한 전폭적인 신뢰와 전능하신 하나님에 대한 전적인 믿음이 있기 때문입니다.

하나님은 하나님의 자녀인 우리가 범사에 감사하는 인생을 살아갈 때에 기뻐하십니다. 조건에 따라 환경에 따라 나의 만족과 욕구에 따라 이리저리 움직이는 감사는 하나님이 받지 않으십니다.

주님은 디모데전서 4:4에서도 말씀하시기를 하나님께서 지으신 모든 것이 선하매 감사함으로 받으면 버릴 것이 없나니 하나님의 말씀과 기도로 거룩하여진다고 하셨습니다.

참된 신앙인은 범사에 감사훈련이 잘 되어 있는 것을 보고 알

수 있습니다. 그의 기도속에도 항상 감사가 있고 그의 모든 삶 가운데에서도 입술에서 감사가 떠나지 않는 것을 보고 하나님이 기뻐하시는 신실한 믿음의 사람인 것을 알게 됩니다.

우리 가족 모두가 오늘 범사에 감사의 예배를 하나님께 드리면서 항상 감사한 마음과 기도로 살아갈 때, 하나님은 우리를 기쁘게 받으시고 우리 가정의 모든 일에 복을 주시고 은혜를 주실 것을 믿습니다.

다 같이 기도 하겠습니다.

기도

사랑이 많으신 하나님 아버지!

오늘 이렇게 범사에 감사의 예배로 우리 가정이 하나님 앞에 예배드리게 하시니 감사를 드립니다.

이 시간 하나님을 예배하면서 기도하옵기는 우리 가족들 모두의 입술이 항상 범사에 감사하는 입술이 되게하여 주시기를 기도합니다.

악한 마귀는 우리 마음과 입술을 불평과 원망이 있는 곳으로 가지고 가려 하지만 우리는 성령의 인도하심을 받아 이 모든 일에 항상 감사함으로 하나님 앞에 나아가는 믿음들이 되기를 소망합니다.

범사에 감사하는 것이 오늘날 우리들을 향하신 하나님의 뜻이라고 말씀하신 것과 같이 우리 가족이 범사에 감사함으로 하나님의 뜻을 준행하고 살아갈 때 하나님은 우리 인생을 지켜 주시고 돌보아 주시며 책임져 주실 것을 믿습니다.

비록 우리의 현실이 어려운 상황라고 할지라도 이 모든 상황을 한 번에 역전시키는 하나님이 우리 하나님이신 것을 믿으며 감사를 잃지 않는 우리의 신앙생활이 되게하여 주시옵소서!

우리의 예배를 받으시며 또한 우리의 감사를 받으시는 우리 주님 예수 그리스도의 이름으로 기도합니다. 아멘!

폐회 : 주기도문

41 온가족 모임 감사예배

말씀 : "이스라엘아 들으라 우리 하나님 여호와는 오직 유일한 여호와이시니 너는 마음을 다하고 뜻을 다하고 힘을 다하여 네 하나님 여호와를 사랑하라 오늘 내가 네게 명하는 이 말씀을 너는 마음에 새기고 네 자녀에게 부지런히 가르치며 집에 앉았을 때에든지 길을 갈 때에든지 누워 있을 때에든지 일어날 때에든지 이 말씀을 강론할 것이며 너는 또 그것을 네 손목에 매어 기호를 삼으며 네 미간에 붙여 표로삼고 또 네집 문설주와 바깥문에 기록 할지니라"(신명기 6:4-9)

설교 : 쉐마 이스라엘 (이스라엘은 들으라!)

이렇게 온가족이 한 자리에 모이게 하시고 형제간에 기쁨과 즐거움을 나누는 중에 하나님 앞에 예배하고자 하는 마음 주심을 감사합니다.

우리 집안은 하나님이 주인되시고 친히 보살피시는 집안인 것을 믿습니다. 자손만대에 걸쳐 하나님의 복이 임하는 집안인 것을 믿습니다.

우리 집안이 하나님이 주인되신 증거는 우리가 하나님 말씀에 순종하는 것으로 그 증거를 삼는 것을 믿습니다.

이스라엘 백성은 그 자녀가 어려서부터 신명기 6장에 기록된 쉐마교육을 집중적으로 시킨다고 합니다. 쉐마라는 말은 '들으라! 는 말입니다.

신약의 하나님의 백성이 된 우리들도 오늘 기록된 말씀대로 하나님 말씀을 들어야 합니다. 듣는다는 것은 귀로 듣는 것이 아니라 온전히 우리의 몸이 실천하는 것을 말합니다.

6절에 오늘날 내가 네게 명하는 이 말씀을 마음에 새기고 앉았을 때든지 누웠을 때든지 강론하며 팔에 감고 미간에 붙이고 문설주에 붙이라는 말씀은 그만큼 이 말씀이 중요한 말씀이라는 뜻이 됩니다.

이 말씀은 그렇다면 무슨 말씀이냐하면 그것은 5절을 가리킵니다. "너는 마음을 다하고 뜻을 다하고 힘을 다하여 네 하나님 여호와를 사랑하라!" 하는 말씀입니다.

하나님을 사랑하는 일이 가장 중요한 일입니다. 하나님의 자녀로서 우리가 마땅히 해야 할 일은 하나님을 사랑하는 일입니다.

우리는 죄성을 타고났기 때문에 하나님을 사랑하기보다는 죄악 세상을 사랑하기가 더 쉽습니다. 그러나 우리는 세상을 살아가지만 도리어 세상에서 하나님의 택함을 입은 하나님의 사람들입니다. 그런고로 세상과 짝하고 세상을 사랑하는 자로 살아가서는 안되며 하나님을 사랑하는 사람들이 되어야 합니다.

너희는 무엇을 하든지 먹든지 마시든지 다 주의 영광을 위하여 하라고 말씀하셨습니다. 하나님을 섬기는 즐거움을 알고, 예배하는 기쁨과 기도하고 찬송하며, 주님과 동행하는 맛을 알고 사는 사람이 참으로 하나님을 사랑하는 사람이 될 것입니다.

하나님을 사랑하는 자는 하나님도 그를 사랑하여 그의 하는 일에 복을 주신다고 하셨습니다.

우리 식구들 모두가 하나님을 사랑함으로 하나님 주신 복이 우리 집안과 자녀들 위에 언제나 가득하게 되기를 소망하며 다같이 기도 하겠습니다.

기도

사랑이 많으신 하나님 아버지!

오늘 이렇게 우리 식구들 모두를 한 자리에 모이게 하시고 은혜로운 예배를 하나님 앞에 드리게 하시니 감사합니다.

각자 맡은 삶의 자리에서 충실히 임하다가 이렇게 모여 형제의 정을 나누고 기뻐하며 하나님 앞에 감사와 찬송을 드리게 하시니 감사합니다.

우리 가정은 하나님께서 불꽃같은 눈으로 지키시고 보호하시며 인도하시는 집안인 것을 믿습니다. 우리 집안 모든 가족들이 하나님의 돌보심을 받아 화목하고 건강한 가정을 꾸리고 살게 하심은 우리 식구 모두가 언제나 하나님 말씀을 준행하는 삶을 살기 때문인 것을 믿습니다.

하나님이 우리에게 명령하신 말씀중에 "너희는 마음을 다하고 뜻을 다하고 힘을 다하여 네 하나님 여호와를 사랑하라!" 하신 말씀을 우리가 이 시간 더욱 마음깊이 새기게 하시고 세상을 살아가면서 우리가 하는 모든 일의 동기가 하나님 사랑에서 하게 된 일들이 되게하여 주시옵소서!

하나님을 사랑하며 하나님을 기뻐하고 오직 하나님께만 소망을 두고 살아가는 우리 모든 식구들에게 온갖 좋은 은사와 온전한 선물이 다 위로부터 빛들의 아버지께로부터 내려온다고 하셨으므로 항상 함께 하심을 믿사옵고 예수님 이름으로 기도합니다. 아멘!

폐회 : 주기도문

42 자녀 성적향상 감사예배

말씀 : "너는 알지 못하였느냐 듣지 못하였느냐 영원하신 하나님 여호와, 땅 끝까지 창조하신 이는 피곤하지 않으시며 곤비하지 않으시며 명철이 한이 없으시며 피곤한 자에게는 능력을 주시며 무능한 자에게는 힘을 더하시나니 소년이라도 피곤하며 곤비하며 장정이라도 넘어지며 쓰러지되 오직 여호와를 앙망하는 자는 새 힘을 얻으리니 독수리가 날개치며 올라감 같을 것이요 달음박질하여도 곤비하지 아니하겠고 걸어가도 피곤하지 아니하리로다"(이사야 40:28)

설교 : 여호와를 앙망하는자

오늘 그렇게 바라던 우리 ○○이의 성적이 향상되고 진보를 이루게 하신 하나님께 영광을 돌리며 감사의 예배를 드리게 하시니 또한 감사합니다.

그동안 열심히 학업에 전념하게 하시고 그에 합당한 열매로 이와같이 학업성적이 오르게 하신 것은 우리 주님 주신 지혜와 명철이 있었기에 가능한 일인 것을 믿습니다.

'진인사대천명' 이라 했습니다. 사람이 노력하지만 그 일에 열매와 결실을 이루게 하시는 분은 우리 하나님이신 것을 믿습니다. 이 시간 겸손히 주님 앞에 무릎꿇고 하나님 앞에 영광을 돌리는 ○○이에게, 명철이 한이 없으신 우리 하나님께서 더욱 놀라운 지혜와 명철을 부어 주시고, 소년이라도 넘어지고 쓰러지나 하나님을 앙망하는 자에게 부어 주시겠다고 약속하신 새 힘을 부어 주실 것을 믿습니다.

여호와를 앙망한다는 것은 어느 자리에서든지 하나님을 항상 의식하고, 하나님을 곁에 모시고, 항상 하나님을 바라고 섬기는 것을 의미 합니다. 하나님을 기대하고 하나님을 기다리는 자는 결국 하나님의 역사를 체험하게 될 것입니다. 독수리의 날개치며 올라가는 그와 같은 상승을 경험하게 될 것입니다. 우리의 모든 삶에 하나님 주신 상승과 도약을 위해서 우리는 더욱 하나님을 의지하고, 더욱 간절히 기도하는 신앙생활을 이어 가야 할 것입니다.

사람은 아무리 지금 힘이 센 장사라고 해도 그 힘이 금세 없어지는 때가 이릅니다. 마찬가지로 제 아무리 똑똑하고 지혜가 많다고 해도 이 세상을 지으신 하나님의 지혜에 감히 비길 수 없습니다.

우리의 지혜가 어느 한 곳에 머무르거나 정체되어 있지 않으려면 우리는 하나님을 의지해야 합니다. 더 깊은 지혜와 명철을 그리고 더 폭 넓고 높은 지혜를 구해야 할 것입니다. 학업뿐만 아니라 우리의 삶 모든 부분에 있어서의 발전과 도약을 이루어야 합니다. 우리의 인격도 성장해야 하며 믿음도 자라나야 합니다. 그리스도의 믿음의 분량에 까지 다 자라나야 합니다. 온전한 성장과 발전이 있기까지 우리는 오늘말씀 처럼 오직 여호와를 앙망하며 그분의 은혜를 구해야 합니다.

하나님은 오늘 말씀처럼 피곤한 자에게 능력을 주시고 무능한 자에게 새 힘을 주시기를 기뻐하시는 은혜가 많으신 하나님이십니다. 하나님의 것을 겸손히 당신 앞에 나와 구하는 자에게 한 없이 부어 주시기를 기뻐하시는 자비로우신 하나님이십니다.

우리의 인생속에서 항상 독수리의 날개치며 올라가는 그와 같은 능력 있는 삶을 살기 위해서, 우리는 오늘의 상승에 자만해 있어서는 안되고 더욱 겸손히 주님께 의지하고 매달려야 할 것입니다.

다같이 기도 하겠습니다.

기도

은혜가 많으신 하나님 아버지!

사랑하는 ◯◯이가 이번 시험을 통해 열심히 공부하게 하시고 그에 합당한 열매와 결실을 주심으로 우리 가족이 모두 기쁨을 함께 하면서 하나님 앞에 영광을 돌리게 하시니 감사를 드립니다.

학업성적이 오르게 되기까지 많은 노력을 하게 하신 이도 우리 주님이신 것을 믿습니다. 또한 깨닫는 영을 허락하시고 이해되는 영으로 사랑하는 ◯◯이의 지식을 깨우치신 이도 우리 하나님이심을 믿습니다.

원하옵기는 학업에 임할 때에 무조건적으로 하지 않게 하시고 지적인 호기심을 가지고 공부에 임하게 하시며, 이 모든 지식이 다 하나님으로부터 말미암은 지식인 것을 믿사오니 지혜의 문을 열으심으로 모든 지식이 이해되게 하시고, 암기되게 하시고, 자신의 산 지식으로 삼게 하여 주시기를 기도합니다.

하나님에게서 난 지식이니 교만할 수 없음을 믿습니다. 더욱 겸손히 주님의 도움을 구하고 더 높은 목표를 향하여 정진해 나갈 때에 오늘 주님께서 말씀을 통하여 약속하신 새힘과 능력을 부어 주실 것을 믿습니다. 참으로 독수리의 날개침 같은 학업의 상승과 도약을 주시고 달음박질 하여도 곤비치 않고 걸어가도 피곤치 않는 역사를 이루어 주실 것을 믿습니다.

이 모든 것으로 오직 주님의 영광을 삼는 ○○이가 될 것을 믿사오며 예수님 이름으로 기도합니다. 아멘!

폐회 : 주기도문

43 시험합격 감사예배

말씀 : "환난 날에 여호와께서 네게 응답 하시고 야곱의 하나님의 이름이 너를 높이 드시며 성소에서 너를 도와 주시고 시온에서 너를 붙드시며 네 모든 소제를 기억 하시며 네 번제를 받아 주시기를 원하노라 (셀라) 네 마음의 소원대로 허락 하시고 네 모든 계획을 이루어 주시기를 원하노라 우리가 너의 승리로 말미암아 개가를 부르며 우리 하나님의 이름으로 우리의 깃발을 세우리니 여호와께서 네 모든 기도를 이루어 주시기를 원하노라"(시편 20:1-5)

설교 : 승리의 개가

오늘 이렇게 우리 ○○이에게 합격의 영광을 주시고 가족들이 모두 모여 기쁨을 함께 나누며 하나님 앞에 예배를 드리게 하시니 감사드립니다.

우리 하나님은 하나님께 나와 간절히 기도하는 자녀들의 기도를 들으시는 하나님이십니다.

"성소에서 너를 도와주시고 시온에서 너를 붙드신다!' 고 하는 오늘 본문의 말씀은 우리가 예배당에서 하나님을 찾을 때 뿐만 아니라, 우리가 삶의 작은 자리에서 구하는 모든 기도에 응답하시는 하나님이신 것을 말씀하는 구절입니다.

하나님은 우리가 드리는 번제 즉 주일예배 뿐만 아니라 모든 소제 즉 사람은 모르지만 하나님만이 아시도록 드린 작은 부분들까지 모두 기억하시는 하나님이신 것을 말씀하고 있습니다.

이와같이 하나님을 온전히 섬기는 사람 마음에는 하나님이 주신 소원이 있습니다. 시편 21편에는 하나님은 우리 마음에 소원을 주셨으며 그 입술의 구함을 거절치 않으신다고 하셨습니다.

오늘 본문에서도 네 소원대로 하라 하시고 네 모든 계획을 이루시길 원하신다고 말씀하셨습니다.

시험에 합격하고자 하는 간절한 소원을 주신 것은 자신의 정욕과 이생의 자랑을 쫓기위한 것이 아니라 온전히 하나님 앞에 영광을 돌리기 위한 것임을 믿습니다.

오늘 본문의 말씀처럼 하나님 이름의 깃발을 높이 들고 승리의 개가를 부르게 하기 위해서 이와 같이 합격의 영광을 주신 것을 믿습니다.

합격이라는 문을 열고 이제 학교(직장)에 들어가게 하셨으니 이제 후로 필요한 모든 필요를 채워 주시고, 그 안에서도 온전히 겸손히 행하며 하나님의 역사를 체험할 수 있도록 은혜 주실 것을 믿습니다.

우리의 마음에는 많은 계획이 있고 뜻이 있고 바램이 있습니다. 그러나 우리가 언제나 기억해야 하는 것은 예수님의 겟세마네의 기도입니다. 내 뜻대로 마옵시고 아버지의 뜻대로 하옵소서 하고 기도하는 그와 같은 마음이 먼저 뒤따라야 할 것입니다.

이와같은 마음이 바탕이 되어 있는 우리의 소원과 우리의 계획

그리고 우리의 기도는 하나님이 이루실 것을 믿습니다.

또한 우리 마음에 간절한 소원과 기도를 이루시는 하나님을 체험하게 하심은 그것을 통하여 하나님의 살아 계심을 증거하며 하나님의 기쁨이 되게 하기 위함인 것을 믿습니다.

앞으로 살아가면서 우리는 더 많은 합격의 문을 열고 들어가야 할텐데, 가장 귀한 합격의 문인 우리의 믿음이 하나님 앞에 합격이 될 수 있도록 우리가 긴장을 놓지 않아야 할 것입니다.

다같이 기도 하겠습니다.

기도

사랑이 많으신 하나님 아버지!

오늘 이렇게 사랑하는 ○○이에게 합격의 기쁨을 주시고 그 영광을 하나님 앞에 돌리며 예배를 드리게 하시니 또한 무한 감사하옵나이다!

합격의 기쁨을 온 식구들이 같이 하며 주님을 예배하는 이 시간 주의 성령께서 더욱 크신 은혜로 ○○이를 붙들어 주시어서 학교(직장)생활 가운데 동행이 되어 주시기를 기도합니다.

인생은 엄밀히 말해서 문 열고 들어가는 것임을 믿습니다. 입시의 문, 직장의 문, 결혼의 문 등등 모든 인생의 문이 우리가 믿음 열쇠를 들고 하나님 앞에 나갈 때 해결되게 하심을 믿습니다.

하나님께서 제일 견고한 천국 문을 여는 믿음 열쇠를 주셨다는 것은, 그 믿음 열쇠로 천국 문만 열게 하시는 것이 아니라 너의 모든 인생의 문이 다 열리게 하신다는 뜻이 포함되어 있음을 믿습니다.

주님을 의지하며 오늘과 같이 주님주신 승리를 맛보며 즐거워하는 날이 가득하게 하시고 하나님께 영광 돌리는 우리 모두가 되게하여 주시기를 간절히 원하오며 사랑하는 ○○에게 합격의 영광을 주신 우리 주님 예수 그리스도의 이름으로 기도합니다. 아멘

폐회 : 주기도문

7.
고난 중에 드리는 예배

44 경제적 어려움 가운데 드리는 예배

말씀 : "그러므로 염려하여 이르기를 무엇을 먹을까 무엇을 마실까 무엇을 입을까 하지 말라 이는 다 이방인들이 구하는 것이라 너희 하늘 아버지께서 이 모든 것이 너희에게 있어야 할 줄을 아시느니라 그런즉 너희는 먼저 그의 나라와 그의 의를 구하라 그리하면 이 모든 것을 너희에게 더하시리라 그러므로 내일 일을 위하여 염려하지 말라 내일 일은 내일이 염려할 것이요 한 날의 괴로움은 그 날로 족하니 라"(마태복음 6:31~34)

설교 : 있어야 할 것을 아시는 하나님

오늘 이렇게 우리 가정의 어려운 경제적 현실문제를 주님 앞에 맡기며 예배 드릴 수 있는 마음을 주신 것을 감사드립니다.

하나님은 우리의 현실적인 문제에 찾아오시는 분이신 것을 믿습니다. 주님은 가난한 목수 요셉과 마리아의 일곱 형제 중 장남으로 이 땅에 오셔서 공생애를 시작하시기 전 30세까지 경제적 어려움을 친히 경험하셨습니다.

예수님의 비유중에 잃어버린 하나님의 자녀를 찾는 비유를 드시면서, 잃어버린 동전 하나를 찾기까지 찾지 않겠느냐 말씀하신 비유는 주님이 현실적인 문제에 어려움을 겪으셨다는 것을 증명하는 비유입니다.

주님은 지금 우리가 처한 어려움을 아시고 우리의 경제적인 현실문제 가운데 깊이 개입 하시고 간섭하고 계심을 믿습니다.

악한 마귀는 우리 마음 가운데 먹고 사는 경제적인 문제로 잠못들게 하고 걱정근심에 빠지게 만듭니다. 그러나 우리가 찬송한 것처럼 공중나는 새도 하나님이 먹이시고 들에 핀 백합화도 하나님이 입히신다고 하셨습니다. 오늘까지 우리가 이렇게 하나님 주신 은혜로 우리식구 모두가 살아왔던 것처럼 앞으로도 하나님이 책임져 주실 것을 믿습니다.

우리로 하여금 물질을 의지하지 않고 하나님을 간절히 의지하게 하기 위해서 이와같은 어려움이 있을 수 있습니다. 오늘 말씀이 시작되는 24절을 보면 사람이 하나님과 재물을 겸하여 섬길 수 없다고 하시면서 물질만 의지하고 사는 우리를 깨우치시기 위해 말씀을 주고 계십니다.

아무리 지금 우리의 현실이 앞이 보이지 않고 암담하다할지라도, 하나님은 우리 가족의 보호자가 되시고 인도자가 되시며 채움이 되심을 믿습니다. 하나님은 당신의 백성을 마른광야 길에서도 하늘에서 내린 만나와 메추라기로 40년을 먹이시며 그 옷소매 하나 닳지 않게 하신 하나님이신 것을 기억 합니다.

사람은 방법이 없어도 하나님은 방법이 있습니다. 너무 낙심하고 걱정과 염려로 지내지 말고 내일 일은 내일이 염려하게 하고, 우리는 오직 하나님의 나라와 의를 구하며 살아갈 때에 어느새 우

리의 모든 경제적 현실문제를 해결하신 하나님을 보며 감사할 날
이 올 것입니다.

하나님의 나라와 그의 의를 구하라고 하는 말씀은 그분의 다스림
과 통치를 구하는 말씀입니다. 하나님이 공중의 새를 먹이시고 들의
백합화를 입히시는데 어찌 자녀인 우리의 쓸 것을 돌아보지 않으시
겠습니까!

먼저는 우리의 마음이 사탄이 지배하여 걱정하며 두려워 하는
마음이 아니라, 하나님이 통치하고 다스리시는 하나님나라가 되
어야 할 것입니다. 어려움 중에도 하나님 주신 소망과 평강이 우
리 식구들 마음에 가득하길 바라며 다 같이 기도 하겠습니다.

기도

우리가 구하기 전에 벌써 우리가 구할 것을 다 아시는 자비하신
하나님! 오늘 우리가 이렇게 경제적 어려움의 현실 가운데 낙심하
며 주님 앞에 기도합니다. 우리의 낙심된 마음에 주님이 위로가
되시고 새로운 소망으로 채워 주시기를 기도합니다. 우리는 길을
모른다고 하나 하나님은 길이 있는 것을 믿습니다. 우리는 방법이
없다 하지만 하나님은 우리의 방법이 되심을 믿습니다.

하나님 주신 평강이 우리 마음 가운데 자리하게 하시고 이 모든
막혀 있는 현실적 문제 위에 하나님께서 해결이 되어 주시를 간절히
기도합니다.

걱정하고 염려한다고 해서 나아지는 것은 아무것도 없는 것을 알면서도 우리의 믿음이 연약하여 자꾸만 쓰러지곤 합니다. 그러나 우리의 손을 잡아 다시 일으키시고 하나님이 인도하시는 길로 나아가게 하심을 믿습니다. 경제적인 어려움의 현실 가운데서 우리가 이때에 더욱 하나님 앞에 믿음을 보일 수 있는 기회로 삼게 하여 주시옵소서!

이는 하나님을 사랑하는 자로 재물을 얻어서 그 곳간에 채우게 하신다고 하셨으니 하나님 사랑을 잃어 버리지 않게 하시고 광야에서 만나를 내리시고 메추라기를 내리셨듯이 우리 가정 경제에도 우리의 헤아림을 뛰어넘는 놀라운 채움과 회복이 일어날 수 있도록 역사하여 주시옵소서! 예수님의 이름으로 기도합니다. 아멘!

폐회 : 주기도문

45 병환(입원) 중에 드리는예배

말씀 : "예수께서 모든 도시와 마을에 두루 다니사 그들의 회당에서 가르치시며 천국 복음을 전파 하시며 모든 병과 모든 약한 것을 고치시니라" (마태복음 9:35)

설교 : 모든 병과 모든 약한 것을 고치시는 주님

오늘 우리가 이렇게 사랑하는 ○○(님)이의 질병 가운데 하나님 앞에 예배를 드리며 치유를 위해 기도하는 시간을 갖게 하심을 감사드립니다.

오늘 우리가 찬송한 것처럼 주님은 우리의 모든 질병을 한이 없는 능력으로 고치시는 주님이신 것을 믿습니다. 우리를 만드신 이가 하나님이신대 어찌 고치지를 못하시겠습니까!

이스라엘이 광야길에 마라의 쓴물을 먹고 괴로워할 때 나뭇가지로 물을 맑히시며 나는 너희를 치료하는 여호와라 말씀하셨습니다.

주님은 이 땅에 계실 때에 오늘 말씀과 같이 각 성과 촌을 두루 다니시며 하나님의 말씀을 가르치시고 모든 병과 모든 약한 것을 고치셨다고 하셨습니다.

주님의 사역은 말씀강론과 질병치유사역으로 요약할 수 있습니다. 주님은 우리에게 천국의 진리를 가르치시고 이어서 질병을 고쳐 주셨습니다.

그러므로 오늘 이 시대에도 주님은 우리에게 오실 때에 말씀을 주시고 또한 주님 주시는 치유도 맛보게 하심을 믿습니다.

그가 채찍에 맞음으로 우리가 나음을 입었다 했습니다. 주님이 우리를 위해 십자가를 지심은 우리를 죄에서 자유케하심과 마찬가지로, 또한 우리로 하여금 질병의 고통에서 자유케하고자 하심인 것을 믿습니다. 주님의 십자가로 우리는 나음을 입게 하시고 하나님의 살아 계심과 그 크신 능력을 체험하는 계기가 되게 하시기를 소망합니다.

이제 우리에게 필요한 것이 있습니다. 그것은 예수님의 옷자락이라도 만지면 나음을 입을 것이라는 열두 해 혈루중 걸린 여인의 그와 같은 간절한 마음이 되어 주님을 찾아야 한다는 것입니다. 주님의 상에서 떨어지는 부스러기라도 받겠다는 수로보니게 여인의 그와 같은 겸손한 마음으로 주님 앞에 나아가야 한다는 것입니다.

또한 말씀만 하시면 내종이 낫겠나이다!라고 말했던 백부장의 믿음이 우리에게 있어야 한다는 것입니다.

주님을 찾고자 하는 간절함과 겸손히 엎드려서 주님 주시는 은혜를 구하며 믿음을 드릴 때에 주님은 전능하신 팔로 우리 ○○○

(님)이의 환부를 어루만지시고 이 모든 아픔과 고통에서 자유케 하시며 깨끗하게 치유하심을 믿습니다.

오직 주님만 바라보고 주님 주시는 치유의 은혜를 구할 때에 주께서 사랑하는 ○○이를 위하여 흘리신 보혈의 피가 치유하는 은혜로, 사랑하는 ○○이의 질병을 참으로 회복시키시고 소성케 하실 것을 믿습니다.

다같이 기도 하겠습니다.

기도

사랑이 많으신 하나님 아버지!

오늘 이렇게 사랑하는 ○○이의 질병치유를 위해서 기도하기를 원합니다. 이제까지 아픔과 고통 가운데 지냈던 모든 시간을 뒤로 하시고 온전한 육신의 치유와 회복을 주시기를 기도합니다. 이 시간 바라옵기는 예수님의 옷자락이라도 만지면 나음을 입을 것이라는 열두 해 혈루증을 앓았던 여인과 같은 간절함이 있기를 기도합니다. 주님의 상에서 떨어지는 부스라기라도 구하는 그와 같은 겸손한 엎드림이 있기를 소망합니다. 또한 말씀만 하시면 나음을 입을 것이라는 백부장의 믿음이 있기를 기도합니다.

사람이 고치는 질병은 그 한계가 금방 다다르지만 우리 하나님은 고치지 못하는 질병이 없음을 믿습니다. 우리 하나님의 전능하신 능력 앞에는 약한 감기나 중한 병이나 똑 같음을 믿습니다.

질병 중에 하나님을 더 깊이 만나게 하시고, 더 큰 믿음으로 성장하는 계기가 되게 하심을 믿습니다. 하나님과 더욱 가까이 두시고자 겸손한 마음으로 주님을 바라보게 하시기 위해 질병도 허락하신 줄 믿사오니 이제 회복케 하시고 속히 일어나게 하여 주시옵소서!

우리에게 병고침의 은혜를 주시는 우리 주님 예수 그리스도의 이름으로 기도합니다. 아멘!

폐회 : 주기도문

46 수술을 앞두고 드리는 예배

말씀 : "여호와께서 쇠약한 병상에서 저를 붙드시고 저의 병중 그 자리를 다 고쳐 펴시나이다!"(시편 41:3)

설교 : 고쳐 펴시는 하나님

오늘 이렇게 사랑하는 ○○(님)이의 수술을 앞두고 하나님 앞에 예배함으로 준비하게 하시니 감사합니다.

수술로 인하여서 가족들 마음이 많이 무겁고 애타는 마음이지만 이와같은 수술로 인하여서 더욱 강건한 육신으로 거듭나는 계기가 되게 하실 것을 믿습니다.

우리 하나님은 하나님의 자녀인 우리가 육신의 질병 가운데 고통 당하는 소리를 들으시는 하나님 이십니다. 광야에서 이스라엘 백성이 불뱀에 물려 신음할 때에 장대높이 달리 놋뱀을 바라보게 하시고 우리의 상한 몸을 치유하신 것처럼, 오늘날의 하나님의 백성들도 오직 하나님을 바라봄으로 치유를 경험하게 하시고 낫게 하시는 하나님이신 것을 믿습니다.

최초의 수술을 집도하신 분은 우리 하나님이십니다. 아담을 깊이 잠들게 하시고 그 갈비대에서 뼈를 취하심으로 하와를 만드신 이가 우리 하나님이심을 믿습니다. 실제로 최초의 마취제를 개발한 의사도 아담을 깊이 잠들게 하셨다는 창세기의 말씀으로 아이디어를 얻었다고 합니다.

하나님의 전능하신 손이 우리의 몸속에서 역사하시는 수술시간이 되게 하실 것을 믿습니다. 수술은 사람이 하지만 의사선생님의 손 위에 성령의 손을 얹으시고 한 땀 한 땀 섬세한 성령의 손길이 모든 수술과정 가운데 나타나길 원합니다.

잠시 잠깐 두려운 마음이 들수 있겠지만 한번 깊이 잠들었다 일어나면 모든 것이 깨끗하게 소성케 되어 있음을 믿습니다.

성공적인 수술이 되어서 놀라운 회복의 역사가 나타나게 하실 것을 믿습니다. 수술 부위가 속히 살이 올라 아물게 하시고 활동하는 데에 이전과 같이 부족함이 없도록 주님께서 역사하여 주실 것을 믿습니다.

오늘 우리가 찬송한 대로 내 몸의 약함을 아시는 주 못 고칠 질병이 아주 없네 괴로운 날이나 기쁜 때나 언제나 나와 함께 계시네 찬송하면서 수술실에 들어가길 소망합니다.

주님께서 오늘 주신 말씀처럼 여호와께서 쇠약한 병상에서 힘들어 하는 ○○(님)이를 붙드시고 ○○(님)이의 병중 그 자리를 다 고쳐 펴시는 놀라운 역사를 일으키심을 바라오며 다같이 기도 하겠습니다.

기도

사랑하는 ○○(님)이 인생길을 살다가 뜻하지 않은 질병으로 인하여(뜻하지 않은 사고로 인하여) 수술을 해야 하는 시간을 맞았습니다.

수술을 받으면서 왜 내가 이런 수술을 받아야 하는지 힘들어 하고 낙심하는 마음은 없음을 믿습니다. 도리어 수술 받을 수 있는 모든 여건과 은혜를 허락하신 하나님께 감사하는 마음인 것을 믿습니다.

수술을 받으면서 잠시 두려운 마음을 가질 수 있지만 주님께서 강하고 담대한 마음과 믿음을 주심으로 이번 수술을 너끈히 감당하게 하실 줄 믿습니다!

사람이 수술을 하지만 다시 소성케 하시는 이가 하나님이시며 모든 몸의 기능을 주관하시는 이가 우리 하나님이신 것을 믿습니다.

이번 수술을 통하여 주님께 더욱 가까이 가며 큰 믿음을 얻게 되는 계기가 되게하여 주시옵소서!

위하여 간호하고 돕는 모든 식구들 위에도 주님께서 은혜를 베푸심으로 이번 일을 통하여 식구들의 마음이 더욱 하나 될 수 있도록 역사하여 주시옵소서!

이제 마음을 온전히 비우고 이 모든 것을 주님께 맡기오며 평안한 마음으로 수술실을 들어갑니다. 사랑하는 ○○(님)이의 인생과 동행이 되신 주님께서 수술실에서도 큰 도움이 되어 주실 줄을 믿사오며 우리의 몸을 어루만지시고 치유하시는 우리 주님 예수 그리스도의 이름으로 기도합니다. 아멘!

폐회 : 주기도문

47 걱정과 염려를 맡기며 드리는예배

말씀 : "아무 것도 염려하지 말고 다만 모든 일에 기도와 간구로, 너희 구할 것을 감사함으로 하나님께 아뢰라 그리하면 모든 지각에 뛰어난 하나님의 평강이 그리스도 예수 안에서 너희 마음과 생각을 지키시리라"(빌립보서 4:6~7)

설교 : 아무 것도 염려하지 말라!

우리는 세상을 살아가면서 염려와 걱정근심에 쌓이게 될 때가 있습니다. 염려한다고 해서 염려하는 문제가 해결되는 것은 아무 것도 없다는 것을 알면서도 염려와 걱정 가운데 잠 못 이룰 때가 많이 있습니다.

염려라고 하는 것이 참 신기해서 시도 때도 없이 우리 마음에 들어 옵니다. 길을 가다가도, 밥을 먹다가도, 운전을 하다가도 어느새 우리 마음 한 가득 염려가 자리잡고 있는 것을 보게 됩니다.

도둑으로부터 집을 지키기 위해서라면 방범장치 설치하고 CCTV 달고 문고리 잠그면 되겠는데, 이 염려라고 하는 마음의 도둑은 어느새 우리 마음안에 들어와서 우리 마음을 지배하고 우리를 두려움과 절망 가운데 꼼짝 못하게 만들곤 합니다.

염려를 우리 마음에 못 들어오게 할수 없는 것이라면 우리 안에 들어온 염려와 걱정을 주님께 그대로 맡기는 일은 우리가 할 수 있는 일입니다.

먹고 사는 문제로 염려가 밀려올 때가 있습니다. 아이들에 대한 걱정으로 염려가 가득해 질 때도 있습니다. 미래에 대한 불안으로 어느 순간 염려와 걱정으로 마음이 요동칠 때가 있습니다.

염려가 들어온 그 순간이 언제든, 그 자리가 어디든지, 그 염려를 그대로 들고 주님 앞에 가지고 가서 기도함으로 그 염려거리를 맡길 수 있는 믿음이 있어야 겠습니다.

오늘 말씀처럼 아무것도 염려하지 말고 모든 일에 기도와 간구로 하나님 앞에 감사함으로 아뢸 수 있는 믿음이 있어야 겠습니다.

염려를 기도로 바꾸는 가운데 우리 마음에서 일어나는 마음이 있습니다. 이것은 경험해 본 사람만이 알 수 있는 마음입니다. 그것은 바로 감사하는 마음입니다. 염려를 맡기면서 기도하는 동안 우리 마음 가운데는 감사의 마음이 일어나게 됩니다. 그런데 염려는 계속해서 일어나는데도 불구하고 기도 안하고 있으면 결국 마지막에 무엇이 남느냐 하면 원망과 불평이 남습니다.

염려를 기도로 걸러서 감사를 남기시길 바랍니다. 기도로 걸러내지 않는 염려의 마지막 모습은 추한 불평과 원망의 모습뿐이라고 하는 사실입니다.

사람이 '염려하지마!' 라고 한 말이라면 이 말은 위로 차원의 말입니다. 그 염려하는 바에 대해서 아무런 도움도 되지 못하는 경우가 대부분입니다. 그러나 우리 하나님이 성경을 통해서 주신 "아무것도 염려하지 말라!" 하신 말씀은 정말 내가 염려하는 그 모든 문제에 해결이 되시고, 그 문제를 능히 맡으실 수 있는 능력이 있음으로 우리에게 주신 말씀인 것입니다.

오늘 우리 가정에 주신 "아무것도 염려하지 말라!" 고 말씀하시는 하나님의 음성이 이 시간 하나님을 예배하는 가운데 큰 음성으로 들리는 은혜가 있기를 바랍니다. 다같이 기도 하겠습니다.

기도

사랑이 많으신 자비하신 하나님!

오늘 이렇게 마음이 많이 힘든 가운데 하나님을 예배하며 주님 주시는 위로와 소망을 얻게 하시니 감사합니다.

우리 마음 가운데 염려와 걱정이 밀려올 때 기도함으로 온전히 주님께 가지고 나아갈 수 있는 믿음이 우리에게 있게 해 주시옵소서!

악한 마귀가 던져준 염려와 걱정근심으로 우리 마음이 상하고 불평과 원망 가운데 빠지는 일이 없도록 우리를 붙잡아 주시기를 간절히 기도합니다.

우리가 할 것은 염려하는 것이 아니라 기도하는 것임을 믿습니다. 염려가 들어 올 때마다 그것을 들고 기도의 자리로 달려가는 우리 가족이 되게하여 주시옵소서! 우리의 아뢸 바를 감사함으로 하나님께 아뢰면 우리의 모든 염려와 걱정거리들을 맡으시고 해결해 주실 것을 믿습니다. 하나님은 이 모든 우리의 염려거리들을 맡으시고 해결할 수 있는 능력이 있음으로 주신 말씀인 것을 믿습니다.

또한 우리가 기도하면 오늘 말씀과 같이 모든 지각에 뛰어난 하나님의 평강이 그리스도안에서 우리의 마음과 생각을 지켜 주실 것을 믿습니다. 우리 가정의 지킴이가 되시고 우리의 마음 또한 평강에서 평강으로 붙들어 주시는 우리 주님 예수 그리스도의 이름으로 기도합니다. 아멘!

폐회 : 주기도문

48 사람으로 시험 들었을 때 드리는 예배

말씀 : "할렐루야 우리 하나님을 찬양하는 일이 선함이여 찬송하는 일이 아름답고 마땅하도다 여호와께서 예루살렘을 세우시며 이스라엘의 흩어진 자들을 모으시며 상심한 자들을 고치시며 그들의 상처를 싸매시는도다"(시편 147:1~4)

설교 : 상한 심령을 위로 하시는 하나님

인생을 살아가면서 우리가 겪는 마음의 상처와 아픔은 대부분 대인관계의 문제에 의한 것임을 알게 됩니다. 그것도 가까이 있는 내 가족이나 친족로부터 받는 마음의 고통은 더 큰 것으로 느껴집니다.

사람으로 인해 우리 마음이 실족하고 시험들게 되는 경우는 내가 그에 대하여 많이 믿고 기대하고 있었기 때문입니다. 기대가 없으면 실망도 없듯이 사람을 향해서도 기대는 바가 많이 있음으로 실족도 또한 그만큼 많이 하게 되는 것입니다.

우리는 우리 주위 사람들을 대할 때에 언제나 넓은 관용의 마음을 가지고 대해야 할 것입니다. 사람은 누구나가 다 부족합니다. 완전한 사람은 없습니다. 부족함과 연약함과 허물이 있습니다.

우리의 눈에 상대의 부족함이 보이거든 도리어 나의 것으로 채워주고 싶은 마음이 들고, 연약함에는 도와주려 하고, 허물에는 덮어 주고픈 마음을 가지고 모든 사람들을 대한다면 우리가 쉽게 상처 입는 일은 없을 것입니다.

하나님께서 사람으로 인해 실족하고 실망을 경험하게 하시는 것은, 사람은 믿고 의지하는 대상이 아니라 사랑의 대상이고 채워 줌의 대상이라는 것을 깨닫게 하시기 위해서 입니다. 그리고 우리로 하여금 믿고 의지하는 대상은 오직 하나님뿐이라는 것을 알게 하십니다.

마음이 상했을 때는 우리는 위로의 대상을 찾습니다. 그런데 이때 위로를 받기 위해 사람에게 가면 더욱 큰 상처를 받을 수 있습니다. 예수 믿는 사람은 하나님께 기도함으로 위로를 얻을 수 있는 사람입니다.

성경 시편의 많은 저자들이 그들의 마음이 사람으로 인해 실족을 경험했을 때에 하나님께 나아와서 위로를 받고 새로운 힘을 충전 받았습니다.

세상에서 상처받고 낙심했을 때 세상에서 난 것으로 위로를 받으려 하고, 물질로 위로받고, 사람으로만 위로 받으려 한다면 우리는 참다운 믿음의 사람이라고 할 수가 없습니다. 참다운 하나님의 사람은 하나님 주시는 위로를 소망하며 사는 사람들입니다.

마음이 상했을 때는 위로 받아야 합니다. 위로 받지 못한 상처는 그것이 마음 속에 한(恨)으로 남고 그것이 우리 안에서 평생을 괴롭게 하는 쓴 뿌리가 되어 여러 가지 인격의 장애를 겪게 합니다.

세상과 사람으로부터 위로 받으면 그때 잠깐은 치유를 얻는 것 같으나 그것은 근원치료가 되지 못합니다. 그러나 하나님의 성령은 우리를 위로 하심으로 다시 그 마음이 상하지 않게 하십니다. 성령의 주시는 위로를 체험해야 합니다.

오늘 특별히 세상과 사람이 주는 위로가 아니라 하나님께서 주시는 위로와 소망으로, 우리의 마음이 치유를 얻고 새로운 힘으로 가득하게 되는 역사를 체험하게 되기를 간절히 바라면서 다같이 기도 하겠습니다.

기도

은혜로우신 주님!

우리가 사람으로 인해 속상하고 답답한 일을 경험할 때가 있음을 고백합니다. 그와 같은 마음을 주님 앞으로 가지고 나와 쏟아 놓을 수 있는 우리의 믿음이 되기를 원합니다.

너는 밤 초경에 일어나 부르짖을 찌어다 네 마음을 주의 얼굴 앞에 물 쏟듯 할찌어다 말씀하셨습니다. 또한 주님이 구하시는 제사는 상한 심령이라 상하고 통회하는 마음을 주께서 멸시치 않는다고 하셨습니다. 우리의 상한 마음을 주님이 어루만져 주시고 하나님 주시는 위로와 소망을 얻을 수 있도록 이 시간 은혜를 베풀어 주시옵소서!

시편의 많은 기자가 주님 앞에 인생의 답답함과 상한 마음을 토로 하듯이 주님께 우리의 답답함을 가지고 나와 기도함으로 푸는 은혜를 허락하여 주시옵소서!

주님께 우리 마음을 쏟아내면 주님은 우리의 상한 마음을 어루만지심을 믿습니다. 성령의 손길이 부드러운 터치로 우리 상한 심령을 치유하여 주실 줄을 믿습니다.

분냄과 화냄으로 우리의 마음을 표현하는 것이 아니라 오직 하나님께 기도하는 것을 통해서, 우리의 상한 마음을 표현할 줄 아는 성숙한 성도가 되게 하시기를 간절히 원하오며 우리에게 참된 위로가 되어 주시는 우리 주님 예수 그리스도의 이름으로 기도합니다. 아멘!

폐회 : 주기도문

49 우울증(불면) 가운데 드리는 예배

말씀 : "너는 청년의 때 곧 곤고한 날이 이르기 전, 나는 아무 낙이 없다고 할 해가 가깝기 전에 너의 창조자를 기억하라"(전도서 12:1)

설교 : 나는 아무 낙이 없다 하기전에...

인생을 살다보면 우리는 별 이유없이 인생이 허무해지고 모든 것이 무의미하다는 생각이 들 때가 있습니다. 그리고 마음이 허전해지며 우울증에 걸리고 이어서 잠을 못 이루는 지경에 이르게 됩니다.

"인생이 헛되고 헛되니 모든 것이 헛되도다!"라고 말한 지혜자 솔로몬의 말처럼 인생이 덧없고 헛된 것이 맞습니다. 그러나 솔로몬이 인생허무를 말하고 있지만 결국 그 허무는 하나님 없는 인생의 허무를 말하는 것입니다.

인생이 허무한 것은 내가 어디서 왔는지 모르고 어디로 갈지를 모르기 때문입니다. 세상의 가르침대로 하면 우리는 이 세상에 우연히 왔다가 흙으로 돌아가는 무의미한 인생이 됩니다.

하나님을 가정하지 않은 인생은 이 세상에서 아무리 크고 위대한 일을 이루어 놓았다고 해도 그것은 다 무의미한 일이고 모래 위에 세운 누각일 뿐입니다. 이는 파도에 모래성이 쓸려가듯 세상 마지막 때에 없어질 것이기 때문입니다.

오늘 전도서의 말씀이 처음부터 계속해서 인생의 허무함을 말하고 그 덧없음을 강조한 이유는 그 결말에서 오늘 본문의 말씀을 주시기 위함입니다.

"너는 청년의 때 곧 곤고한 날이 이르기전 나는 아무 낙이 없다고 할 때가 이르기 전에 너의 창조자를 기억하라는 것입니다."

우리 주님도 너희 인생이 무엇이뇨 너희가 아침에 잠깐 있다 없어지는 안개라고 하셨습니다. 우리에게 지금 아무리 화려한 인생이 펼쳐진다 해도 우리 인생 앞에는 여지없이 막다른 골목이 있음을 잊지 말아야 합니다. 모두가 우리 곁을 떠날 때가 올 것이고 결국 우리가 마주 해야 할 분은 주님 한 분 뿐이라는 사실입니다.

그러므로 주님을 인생 마지막 순간에만 만나려고 하는 사람은 어리석은 사람입니다. 이 세상을 살면서 언제나 주님과 동행하는 맛을 알고 주님 주시는 위로와 소망을 얻고, 주님과 깊은 교제를 나누며 사는 길이 바로 우리가 우울증에서 벗어나고 무의미한 헛된 인생을 살지 않는 길이 될 것입니다.

세상낙에만 취해 사는 사람은 결국에는 우울해 집니다. 우리에게는 육적인 만족과 정서적 만족을 넘어서서 영적인 만족이 채워

져야 하기 때문입니다. 하나님을 만나고 그분의 말씀과 뜻안에 살아갈 때에 주님은 우리의 몸을 지키시듯이 우리의 마음을 허무주의와 우울증으로부터 지켜 주실 것입니다.

그래서 전도서 제일 마지막 구절인 13절에서 "일의 결국을 다들었으니 하나님을 경외하고 그 명령을 지킬찌어다 이것이 사람의 본분이니라"고 말씀하신 것입니다.

참으로 의미 있는 인생은 이 세상을 살 때에 우리를 지으신 하나님을 알고 그분과 동행하며 함께 하는 인생인 것을 믿습니다. 다 같이 기도 하겠습니다.

기도

사랑이 많으신 하나님 아버지!

우리가 인생을 살다보면 이 모든 것이 허무하고 무의미해 질 때가 있습니다. 이 세상이 덧없고 헛되지만 오직 주님안에서 복되고 참된 인생이 되는 것을 믿습니다.

하나님께서 우리를 지으실 때에 해바라기가 해를 바라고 살듯이 우리는 하나님을 바라고 살도록 지으셨지만, 우리는 죄된 세상만 바라보며 롯의 아내가 구원받은 은혜를 잊고 세상에 미련을 두고 뒤를 돌아보듯이 살아 왔음을 용서하여 주시옵소서!

우리로 하여금 세상낙에만 빠져서 살지 않게 하시고 주님을 모시고 주님과 함께 동행하며 사는 맛을 아는 우리의 인생이 되게하여 주시기를 기도합니다.

세상과 짝하고 세상을 사랑하는 자는 하나님과 원수된다 했습니다. 또한 주님 말씀하시기를 "외로운 자는 하나님께 소망을 두어 주야로 항상 간구와 기도를 하거니와 일락을 좋아하는 이는 살았으나 죽었느니라!'고 말씀 하셨습니다.

일낙을 세상에서 난 것으로 찾지 않고 하나님 주신 말씀에서 찾고 주님안에서 인생의 의미를 발견할 때에 우리는 허무주의에 빠지지 않게 됨을 믿습니다. 우리의 마음에 참된 평안을 주시고 주님이 사랑하시는 자는 잠을 주신다 하셨으니 주신 말씀대로 평안 가운데 깊이 잠들 수 있도록 우리의 마음을 붙잡아 주시고 지켜 주시옵소서. 예수님 이름으로 기도합니다. 아멘!

폐회:주기도문

50 낙심 절망 가운데 드리는 예배

말씀 : "내 영혼아 네가 어찌하여 낙망하며 어찌하여 내 속에서 불안하여 하는고 너는 하나님을 바라라 그 얼굴의 도우심을 인하여 내가 오히려 찬송하리로다"(시편 42:5)

설교 : 너는 하나님을 바라라!

인생을 살면서 우리가 생각했던 일들이 계획대로 되지 않고 어려운 상황에 처하게 되면 우리 마음에는 깊은 낙심과 절망의 마음이 가득하게 됩니다. 사실 이와같은 마음상태에서는 예배를 드리는 일도 결코 쉽지 않은 일입니다. 그러나 상한 마음을 가까이 하시는 하나님이시기에 이러한 마음에서 드리는 오늘 예배가 참으로 하나님이 받으시는 예배가 됨을 믿습니다.

오늘 말씀에는 우리를 도우시는 하나님은 우리의 얼굴을 도우시는 하나님으로 나타나고 있습니다. 시편을 보면 수많은 사람들이 절망에 빠졌을 때 하나님의 얼굴빛을 내게 비춰달라고 소리치고 있습니다. 하나님 얼굴빛을 쏘이는 것이 곧 구원인 것을 말하고 있습니다.

낙심천만해서 깊은 절망의 수렁가운데 떨어질 때 우리는 주님을 바라보아야 합니다. 내 속에서 낮은 자존감의 자아와 대화를 나누거나 악한 영이 이끄는 대로 불안과 두려움 가운데 끌려 다녀서는 안되겠습니다.

그 얼굴을 도우시는 하나님의 손길을 바라 보아야 합니다. 베드로가 물에 빠질 때 그는 간절한 마음으로 주님을 바라 보았습니다. 주님이 베드로의 손을 잡고 거센 물결 속에서 건져 주시듯이 우리가 절망이라는 바다에 빠져 갈 때에 주님은 우리의 손을 잡고 일으키실 것을 믿습니다.

우리가 절망에 빠질 때는 믿음이 약해질 때입니다. 베드로가 처음 물위를 걷는 기적을 체험을 했을 때 그가 걸었던 물위는 잔잔한 물이 아니었습니다. 풍파가 몰아치는 바다였습니다. 그는 분명히 "오라!" 명령하신 주님을 바라보고 걸어 갔습니다.

주님만을 바라보고 갔을 때는 한 걸음 한 걸음이 기적이었습니다. 그런데 일렁이는 바다가 보이고 거센 풍파가 보이면서 의심이 일어나자 그는 급속히 물속으로 빠져 들었던 것입니다.

주님은 베드로의 손을 잡아 일으키시면서 "왜 의심하였느냐!"고 책망하셨습니다. 야고보서에서는 의심하는 자는 두 마음을 품은고로 무엇이든 주께 받을 줄 생각도 말라고 하셨습니다.

조금도 의심하지 않는 마음 가운데 하나님의 기적이 우리의 것이 될 것을 믿습니다.

믿음과 희망은 같은 말입니다. 의심과 절망도 같은 말 다른 표현입니다. 지금 내가 보기에는 아무리 길이 없어 보이고 절망스런 상황이라고 할지라도 내가 다 알수 없는 하나님의 길이 있고, 하나님의 방법이 있다는 것을 믿어야 합니다.

그리고 지금 일어난 풍파를 바라보지 말고 오직 믿음의 주요 온전케 하시는 주님만을 똑바로 바라 보아야 합니다.

오늘 시편기자가 체험한 것처럼 그 얼굴을 도우시는 은혜를 인하여 소리높여 주님을 찬송하게 될 날이 이르게 될 것을 믿습니다. 다같이 기도 하겠습니다.

기도

은혜가 풍성하신 하나님 아버지!

오늘 이렇게 우리의 마음이 낙심과 절망으로 가득하게 된 것은 우리의 믿음이 연약해진 연고임을 믿습니다. 주님을 믿는다고 하면서도 우리의 마음 가운데는 의심하는 마음이 같이 있었음을 용서하여 주시옵소서!

의심하는 마음 가운데 불안이 있고 두려움이 있으며 낙심 절망이 있는 것을 보게 됩니다. 또한 믿는 마음 가운데는 그 가운데 희망과 평안이 있음을 믿습니다.

이 모든 낙심과 두려움 그리고 불안은 주님을 향한 우리의 믿음이 부족하였기 때문임을 고백하오니 우리의 믿음을 굳센 반석 위에 세워 주시기를 기도합니다.

베드로가 주님만을 바라보고 풍파가 이는 바다 위를 걸어갔던 것처럼 우리의 믿음이 오직 주님만을 바라볼 수 있도록 우리의 시선을 주님을 향하여 고정시켜 주시옵소서! 우리 주위의 환경과 조건을 보고 사람을 볼 때 우리는 절망할 수 밖에는 없습니다.

오직 주님만을 바라고, 믿고, 의지하며 이 모든 것을 다 맡기고 나아갔는데 우리가 염려하고 걱정하는 일들이 벌어지는 일은 결코 없을 것을 믿습니다. 그것은 주님의 이름이 땅에 떨어지는 일이 되기 때문입니다. 베드로가 물위를 걸었던 것과도 같은 초자연적인 도우심으로 우리 가족에게 역사하실 것을 믿사오며 만왕의 왕이 되시고 이 세상 가장 큰 권세자의 이름인 예수의 이름으로 기도하옵나이다. 아멘!

폐회:주기도문